国家出版基金项目
NATIONAL PUBLICATION FOUNDATION

“十三五”国家重点图书出版规划项目

城市安全风险管理丛书

编委会主任:王德学　总主编:钟志华　执行总主编:孙建平

城市人民防空风险防控

Risk Prevention and Control of Urban Civil Air Defence

钟 杰　主 编　高福桂　执行主编

同济大学出版社
TONGJI UNIVERSITY PRESS
·上海·

图书在版编目(CIP)数据

城市人民防空风险防控 / 钟杰主编；高福桂执行主编. —上海：同济大学出版社，2021.12
(城市安全风险管理丛书 / 钟志华总主编)
"十三五"国家重点图书出版规划项目
ISBN 978-7-5765-0095-0

Ⅰ.①城… Ⅱ.①钟… ②高… Ⅲ.①城市—人民防空—风险管理—研究—中国 Ⅳ.①E256

中国版本图书馆 CIP 数据核字(2021)第 277142 号

"十三五"国家重点图书出版规划项目
国家出版基金资助
上海市促进文化创意产业发展财政扶持资金资助
城市安全风险管理丛书

城市人民防空风险防控

Risk Prevention and Control of Urban Civil Air Defence

钟　杰　主编　　高福桂　执行主编

出 品 人：华春荣
策划编辑：高晓辉　吕　炜　马继兰
责任编辑：高晓辉　马继兰
责任校对：徐逢乔
装帧设计：唐思雯

出版发行　同济大学出版社　www.tongjipress.com.cn
(地址：上海市四平路 1239 号　邮编：200092　电话：021-65985622)
经　　销　全国各地新华书店、建筑书店、网络书店
排版制作　南京文脉图文设计制作有限公司
印　　刷　上海安枫印务有限公司
开　　本　787mm×1092mm　1/16
印　　张　12
字　　数　300 000
版　　次　2021 年 12 月第 1 版
印　　次　2023 年 11 月第 2 次印刷
书　　号　ISBN 978-7-5765-0095-0
定　　价　78.00 元

内容简介

本书是有关城市人民防空风险防控的专业图书，分 18 章进行阐述，主要内容包括人民防空风险概述、人民防空风险管理、人民防空与城市建设融合发展、人民防空工作保障和风险转移、人民防空部门应对城市风险的管理以及人民防空风险防控典型案例等，重点阐述了城市人民防空空袭风险管理、人民防空设施风险管理、民众人防风险管理、防空警报管理以及平战转换管理等内容，在此基础上提炼总结具体风险的防控措施与方法。最后通过案例分析阐述城市人民防空风险防控的具体工作内容、工作方法、工作手段和经验总结。本书内容全面，语言简洁，逻辑清晰，方便读者理解与掌握学习。

本书是城市人民防空工作与城市风险管理这一新兴学科结合的学习指南和参考用书，既可以作为培养当代所需的城市风险管理复合型人才的参考资料，也可以为风险管理实践工作者提供参考与借鉴。

作者简介

钟杰

上海市民防办公室党组书记、主任。曾任共青团上海市杨浦区委副书记(其间援藏,先后任西藏自治区亚东县委副书记、常务副书记),杨浦区殷行街道办事处主任、党工委副书记、党工委书记,杨浦区委委员、区政府党组成员、区政府办公室主任、区外事办主任、区机关事务管理局局长、区政府研究室主任,宝山区副区长,宝山区委常委、政法委书记,市司法局党委委员、市监狱管理局党委书记。

主持编制《上海市民防建设发展"十四五"规划》和《上海市人民防空建设专业规划(2021—2035)》,牵头开展民防工程建设领域投融资课题研究,牵头组织开展长三角区域人防一体化发展研究,牵头制定上海市《应急避难场所设计规范》(DB 31MF/Z 003－2021)。

“城市安全风险管理丛书”编委会

《城市人民防空风险防控》编撰人员

主　　编　钟　杰

执行主编　高福桂

编　　撰　汪　军　冯书军　张勣翔　印　磊　郦　璐　邹勇杰
陆善鹏　宋晓亮　胡　敏　严慧栋　邹　波　李良勇
周航建　李　巍　吴乐翔　金　妮　吴道军　葛伟荣
王　升　鞠金亮　程　峥　王晓圣　孙　波　王　瑞
朱文彬　秦苗苗　徐　杨　黄秋佳　黄瑛博　胡春燕
杨　辉　胡长亮　王建新　浦　玮　刘　渊　徐　曌

总序

浩荡40载，悠悠城市梦。一部改革开放砥砺奋进的历史，一段中国波澜壮阔的城市化历程。40年时间，中国城镇化率从1978年的17.9%提高到2017年的58.52%，这一规模最大、速度最快的城市化进程在世界城市发展史中亦是浓墨重彩的一笔。

人口和其他资源在空间上集聚，就形成了城市。城市注定是一个庞大、开放的复杂运行系统，也注定在快速发展的同时，城市风险与城市化进程相伴相生。20世纪90年代以来，我国城市化进入快车道，人聚集到城市，土地快速城市化，大规模城市建设如火如荼，其中蕴含的风险以及城市应有的公共服务不足带来的各类安全问题引发关注。今天，大型、超大城市的数量依旧在不断增加，正加速形成的城市群、都市圈是带动中国经济快速增长和参与国际经济合作与竞争的主要平台。城市的超大规模、复杂程度决定了城市面临的挑战更大、风险日益集聚，一系列安全事故触目惊心。

党的十八大以后，城市化的重心不仅在土地，更加逐步向"人"转移，城市的美好生活内涵丰富，加快迈向更高质量、更可持续、更为安全的发展之路。党的十九大报告提出，要"坚持总体国家安全观"的基本方略，强调"统筹发展和安全，增强忧患意识，做到居安思危，是我们党治国理政的一个重大原则"，要"更加自觉地防范各种风险，坚决战胜一切在政治、经济、文化、社会等领域和自然界出现的困难和挑战"。中共中央办公厅、国务院办公厅印发的《关于推进城市安全发展的意见》，明确了城市安全发展总目标的时间表：到2020年，城市安全发展取得明显进展，建成一批与全面建成小康社会目标相适应的安全发展示范城市；在深入推进示范创建的基础上，到2035年，城市安全发展体系更加完善，安全文明程度显著提升，建成与基本实现社会主义现代化相适应的安全发展城市。

我们的城市面临着从安全管理1.0向应急管理2.0乃至城市风险管理3.0的方向迈进的时代选择，有效防控城市中的安全风险已经成为城市发展的重要任务。

然而，受制于一直以来的习惯性思维，当前我国城市公共安全管理的重点还停留在发生事故的应急处置上，突出表现为"重应急、轻预防"，导致对风险防控的重要性认识不足，没有从城市公共安全管理战略高度对城市风险防控进行统一谋划和系统化设计。

城市安全管理迫切需要由"强化安全生产管理和监督，有效遏制重特大安全事故，完善突发事件应急管理体制"向"健全公共安全体系，完善安全生产责任制，坚决遏制重特大安全事故，提升防灾减灾救灾能力”转变。

发现问题，直视挑战，需要探索、行动、积淀、提升。“城市安全风险管理丛书”（以下简称“丛书”）结合城市安全管理应急救援与城市风险管理的具体实践，重点围绕城市运行中的传统和非传统风险等热点、痛点，对城市风险管理理论与实践进行系统化阐述，涉及城市风险管理的各个领域，涵盖城市建设、城市水资源、城市生态环境、城市地下空间、城市社会风险、城市地下管线、城市气象灾害以及城市交通等各个方面。“丛书”提出了城市管理新思路、新举措，虽然还未能穷尽城市风险的所有方面，但已涵盖了城市风险管理的大部分领域，相信能够解城市风险管理人士之惑，对城市风险管理实践工作也具有重要的指引与参考借鉴作用。

“丛书”编撰汇集了行业内一批长期从事风险管理、应急救援、安全管理等领域工作或研究的业界专家、高校学者，依托同济大学丰富的教学和科研资源，完成了若干相关的课题研究和实践探索。“丛书”拥有完整的理论体系，且技术性和可操作性强，已获批“十三五”国家重点图书出版规划项目并入选上海市文教结合“高校服务国家重大战略出版工程”项目。“丛书”具有创新性和前瞻性，其出版填补了城市风险管理作为新兴学科、交叉学科在系统出版物上的空白，对提高城市管理理论研究、丰富城市管理内容、提升城市风险管理水平和推进国家治理体系建设均有着重要意义。

中国工程院院士

2018 年 9 月

前言

习近平总书记在第七次全国人民防空会议上指出:“人民防空是国之大事,是国家战略,是长期战略,要坚持人民防空为人民,铸就坚不可摧的护民之盾”。

人民防空的防护重点是城市。平时开展人民防空建设,战时开展防空袭斗争,运用隐蔽、疏散等防护手段,采取抢救抢修等措施,保护人民生命财产安全,保障重要经济目标安全,维持城市正常运转,减少国民经济损失,保存战争潜力。在复杂的国际环境下,人民防空与城市建设及人民生活息息相关,新时代城市人民防空工作要着重体现“战备为先,防空为要”的战略定位,在平时积极做好战备准备,同时发挥其城市组成部分的特点,积极发挥平时造福于民的作用,化解某些城市风险。

本书阐述了人民防空基本内容,结合风险管理理论,提出城市人民防空风险管理的主要内容,包括人民防空空袭风险管理、人民防空设施风险管理和民众人防风险管理,在此基础上提炼总结具体风险的防控措施与方法。为更好履行新时期人民防空“战时防空、平时服务、应急支援”的使命任务,人民防空部门做好主责主业,积极融入城市建设发展进程中,发挥优势和特点,深入贯彻落实习近平总书记关于防范化解重大风险重要论述和考察上海重要讲话精神,践行“人民城市人民建,人民城市为人民”重要理念,保障城市安全运行和人民群众生命财产安全。同时,阐述了城市人民防空高质量发展的方向,从新格局、新技术、新手段、新路径、新渠道等五个方面,体现新时代人民防空部门使命担当,以及奋发有为的工作态度。最后通过案例阐述城市人民防空风险防控的具体工作内容、工作方法、工作手段和经验总结。

本书由钟杰任主编,高福桂任执行主编,参加各章节编写和审核工作的有:汪军、冯书军、张勣翔、印磊、郦璐、邹勇杰、陆善鹏、宋晓亮、胡敏、严慧栋、邹波、李良勇、周航建、李巍、吴乐翔、金妮、吴道军、葛伟荣、王升、鞠金亮、程峥、王晓圣、孙波、王瑞、朱文彬、秦苗苗、徐杨、黄秋佳、黄瑛博、胡春燕、杨辉、胡长亮、王建新、浦玮、刘渊、徐罂。

感谢同济大学出版社对本书出版发行的大力支持以及所做的辛勤工作。

本书是“十三五”国家重点图书出版规划项目“城市安全风险管理丛书”中的一本,由于时间和水平有限,书中难免有不足指出,敬请不吝指正。

本书编写组

2021 年 12 月

目　录

1　人民防空概述

1.1　人民防空简介

1.1.1　定义概述

《中华人民共和国人民防空法》是我国第一部指导、规范人民防空工作的法律，其总则中明确指出了人民防空的定义、方针和原则。人民防空是国防的组成部分，国家根据国防需要，动员和组织群众采取防护措施，防范和减轻空袭危害。人民防空实行长期准备、重点建设、平战结合的方针，贯彻与经济建设协调发展、与城市建设相结合的原则。

“国家根据国防需要”，主要是指人民防空的各项准备，必须符合国家积极防御的战略方针，按照国防建设的规划和要求，统筹安排人民防空建设。

“采取防护措施”，主要包括两个方面：一是群众自身采取的防护措施，通过接受人民防空教育和训练，熟悉防空的基本知识和技能，学会自救互救器材的使用，熟悉掩蔽地点和疏散方案，以及在特殊情况下的求生技能，达到自救互救、自我保护的目的；二是政府动员和组织群众采取的防护措施，主要是指按照人民防空要求修建人民防空工程、通信、警报设施，组建群众防空组织，做好城市人口疏散和安置的准备，达到保护人民生命和财产安全的目的。

“防范和减轻空袭危害”，“防范”是指通过平时做好人民防空的各项准备，遇有空袭征候和遭受空袭时，及时发放防空袭警报信号，有计划地组织人员疏散和掩蔽，避免遭受空袭危害；“减轻”是指空袭危害已经发生，通过群众自救互救和群众防空组织抢险抢救，消除空袭后果，把空袭造成的危害减轻到最低程度。

由此可见，我国人民防空事业包含了两方面工作：一是和平时期为防备敌空袭需要，动员和组织人民群众所采取的相关准备措施和手段，即进行人民防空建设；二是战时为防御敌空袭需要，动员和组织人民群众所采取的防护措施和行动，即开展防空袭斗争。

习近平总书记在第七次全国人民防空会议上指出：“人民防空是国之大事，是国家战略，是长期战略”，“要坚持人民防空为人民，铸就坚不可摧的护民之盾”等重要论述，是在深刻把握国家安全形势和战争形态发展变化的前提下，站在国家安全与发展利益全局的高度，对人民防空作出的全新战略定位，为我们深刻认识、准确把握人民防空根本定位和地位作用提供了强大的思想武器和科学指南。

完整准确全面贯彻人民防空工作发展理念，推进人民防空事业转型升级和高质量发展，应从以下三方面进一步深化认识：其一，人民防空工作的本质属性是人民性。秉持“人民防空人民建”“人民防空为人民”，战时保护人民、平时造福人民，人民防空的一切发展，都要坚守人民城市的“人本价值”，紧紧依靠人民、不断造福人民、牢牢植根人民，发挥好政府主导下人民的主体作用。其二，人民防空治理的核心关键是社会组织和动员。人民防空构筑的是生命工程、民生工程，也是社会工程、民心工程，要完善共建、共治、共享的人防治理格局，需要善于组织和动员群众，引导人民理解、关心、支持、参与人防建设。其三，人民防空发展的根本动力是改革与创新。创新是引领发展的第一动力，应聚焦人防发展的本源性问题、战略性任务、引领性项目、关键性举措、制度性瓶颈，推进体系重构、方式改进、模式创新，致力推进人防治理体系和治理能力现代化。

1.1.2 地位作用

人民防空的防护重点是城市。平时开展人民防空建设，战时开展防空袭斗争，运用隐蔽、疏散等防护手段，采取抢救抢修等措施，保护人民生命财产安全，保障重要经济目标安全，维持城市正常运转，减少国民经济损失，保存战争潜力。人民防空的作用体现在以下方面。

1. 人民防空是国防的重要组成部分

人民防空、要地防空、野战防空共同组成国土防空体系，是现代国防的重要组成部分，是国防动员的重要领域。

要地防空是为保卫重要目标安全所采取的防空措施和行动，野战防空是军队在野战条件下进行的有组织的防空斗争。人民防空、要地防空、野战防空三者相辅相成，相互配合，相互支援，共同完成防空任务。人民防空的各项准备是国家整体防御准备的重要组成部分。人民防空的根本目的是保护人民生命和财产安全，保障社会主义现代化建设的顺利进行，与国防的目的相契合。

2. 人民防空是国民经济和社会发展的重要方面

人民防空建设寓于国家和平时期长期的建设之中，是国民经济和社会发展的重要方面，具有重要的社会效益和经济效益。《中华人民共和国人民防空法》中规定，“建设人民防空工程，应当在保证战时使用效能的前提下，有利于平时的经济建设、群众的生产生活和工程的开发利用”“国家鼓励平时利用人民防空工程为经济建设和人民生活服务”。利用人民防空战备资源优势服务经济社会发展、服务城市建设、服务人民生活，这既是党的宗旨在人民防空事业上的具体体现，也是人民防空战时使命任务在平时的延伸。改革开放以来，人民防空工作逐步走上平战结合的道路，坚持与经济建设相协调、与城市建设相结合，积极开发利用人防战备资源服务人民群众生产生活，为经济社会发展和民生改善作出了重要贡献。

3. 人民防空是现代城市建设的重要内容

城市人口众多、建筑密集、经济总量集聚，是所在区域的经济、文化、政治中心。将人民防空工程建设与城市基础设施建设相结合，既有利于促进城市空间资源的综合开发和集约利用，避免城市各类建设相互干扰和反复拆迁、重复建设造成的浪费，又能增强城市平时抗御自然灾害、战时防空抗毁的能力，形成一笔投资、多种效益。

4. 人民防空是利国利民的社会公益事业

人民防空以保护人民生命财产安全为根本宗旨，所采取的社会救济、人道救助、灾民安置等行动，决定了人民防空事业的公益性和人民防空建设的特殊性。随着改革的不断深入，人民防空的战备防护功能、社会保障功能以及应急支援功能得到进一步完善，与经济建设、城市建设的联系也愈加密切。人民防空直接渗透到人民群众的日常生活中，既关系到每个公民的切身利益，也关系到国家安全的长远利益。

1.1.3 职责任务

2014 年，“战时防空、平时服务、应急支援”被确定为新时期人民防空的使命任务。这三大任务是新中国人民防空创立 60 多年来建设发展经验的科学总结，也是新形势下人民防空职责定位的集中体现。

1. 战时防空

根据国防需要，动员和组织群众采取防护措施，防范和减轻空袭危害。这是人民防空的根本使命和核心任务，也是立身之本。必须充分认清国家安全和发展面临的新形势新挑战，积极适应信息化战争条件下空袭与防空袭的新特点新要求，做好人民防空斗争准备，提高人民防空斗争能力。如果平时不抓紧战备建设，战时完不成防空袭任务，人民防空就失去了生存价值。

2. 平时服务

平时服务就是利用人民防空战备资源优势，服务经济社会发展、服务城市建设、服务人民生活。目前，民防工程开发利用的主要业态有商场、停车场、社区活动场所等，既能节约土地资源、改善交通状况，又方便了人民生活、拉动了经济建设、促进了城市发展。指挥通信系统平时利用为指挥调度、应急联动服务，不仅具有高效、灵活、保密等优点，也有利于对现有人防通信设施设备的维护管理。

3. 应急支援

应急支援是参与政府应急管理行动，充分利用人民防空战备资源，为应急防灾救援行动提供支援保障，包括拉响用于防灾的防空警报、人员疏散基地接纳受灾居民、核生化侦检、特种救援队救援和民防志愿者参与救灾等工作。应当认识到，搞好人民防空建设是履行应急支援的前提和基础，只有具备战时防空核心能力，才能对应急防灾救援行动提供有效支援。同时，通过积极参与应急防灾救援行动，也可以锻炼并提高防空袭斗争行动能力。

1.1.4 基本手段

人民防空行动是以减轻空袭灾害为宗旨，通过鸣放防空警报、组织疏散掩蔽、组织城市防空管制、消除空袭后果等一系列措施对人员及重要目标进行防护的行动。人民防空行动基本手段可以用“鸣”“走”“藏”“消”四个字来概括。

1. “鸣”——鸣放防空警报

防空警报是在城市受到空袭威胁时鸣放的提醒人们及时进行隐(掩)蔽的音响信号，战时用于人民防空，平时用于抗灾救灾和突发事故情况下的灾情预报和紧急报知，是各级人民政府实施人民防空指挥、组织人员疏散的基本手段。

2. “走”——人民防空疏散

人民防空疏散是在战争爆发前，把不需要留在城市中坚持生产、工作和斗争的人员转移到郊区或异地的农村进行分散安置，其目的是最大限度地减少人员伤亡和经济损失，保存战争潜力，减轻城市负担。

3. “藏”——人员物资掩蔽

人员物资掩蔽是指战时留城人员(或战备物资)迅速进入(转移到)民防工程掩蔽或利用地形地物进行隐蔽的行动。

现代空袭的特点决定了人员就近就地隐(掩)蔽是城市绝大多数留城人员防御空袭最简单、最有效的防护行动，是城市防空袭斗争的重要内容。

4. “消”——消除空袭后果

消除空袭后果是指利用敌方空袭间隙或在空袭结束后，由人民防空部门采取的各种减少损失和迅速恢复城市运行秩序的措施。其主要包括扑灭火灾、消除核化沾染、抢救受伤人员、清理废墟、开辟道路、维持治安、运送生活物资、修复被毁民防工程和通信枢纽、修复城市供电供水供气系统，保证城市正常运转和生产生活秩序的相对稳定。

1.2 人民防空发展历史及现状

人民防空产生于战争中的空袭行动。空袭是指使用航空器、导弹等兵器从空中对地面或地下、水面或水下目标进行的袭击,防空袭是指对来自航空空间或外层空间的敌方航空器或导弹进行斗争的行动。现代战争中的空袭兵器主要包括飞机、导弹、核武器以及航天武器。随着高技术空袭兵器的发展,空袭的破坏效能迅速提高,空袭已成为高技术战争的主要作战样式,防空袭任务越发艰巨而重要。

1.2.1 国际民防组织

人民防空(简称"人防")和民事防护(简称"民防")都是由空袭与防空袭发展而来的。人防职能的着眼点在于战时对人民群众的防护,应对战争灾害。国际上一般把民众参与实施的战时防空与平时救灾相结合,称为民防,除了应对战争灾害外,还应对各种危害民众生命财产安全的非战争灾害。二者既有区别又有联系。

世界上最早的民防组织诞生于第一次世界大战中的英国伦敦。为了应对德军对伦敦持续空袭所造成的威胁,1917 年 8 月,英国率先成立了"伦敦防空指挥部",实施灯火管制、构筑防空洞、疏散居民、发布防空警报等措施,从而有效降低了德军空袭所造成的破坏,减少了城市居民的伤亡。这些防空措施称得上是民防的萌芽,而"防空洞"则成为民防工程的"始祖"。

1931 年,法国军医乔治·圣保罗(George Saint-Paul)创建了"日内瓦国际协会",目的是在战时利用中立区保护老、幼、妇、残等非战斗人员。1958 年,该协会改名为国际民防组织(International Civil Defence Organization, ICDO),1972 年向联合国申请注册并得到承认,由非政府组织转变为各国政府参加的国际组织。截至 2021 年 7 月,国际民防组织共有 60 个会员国和 16 个观察员国,是世界最大的民防组织。

国际民防组织的宗旨是帮助各国发展相关机构,在发生自然和人为灾难时保护和援助民众,同时保护财产和环境。组织章程共列举了 15 项任务,主要内容为:鼓励成立各国的民防机构;组织自然灾害方面的救灾工作;促进各救灾机构间的合作;提供技术支援,收集与利用民防资料,培训民防队员,加强民防宣传;等等。

我国于 1992 年加入国际民防组织。1998 年,第 11 届国际民防大会在北京召开,通过了旨在面对 21 世纪的灾害、为各国人民提供保护的《北京宣言》。2006—2009 年,我国政府和国际民防组织在北京、上海等地举办了 3 次"备灾与灾害应急管理培训班",与来自其他成员国的代表共同就防灾减灾方面的课题开展交流,进一步巩固和发展了友好合作关系。

1.2.2 我国的人民防空

中国历史上有组织的防空斗争始于20世纪30年代。1931年，日军向上海发动武装进攻，猛烈轰炸闸北、南市、吴淞等地区，造成大量居民流离失所、无家可归。日军占领上海后，对南京形成巨大威胁。南京国民政府于1932年制定了《南京临时防空计划》，采取紧急防空措施。

自1939年起，日军对重庆实施了大范围、长时间的连续轰炸。1941年6月5日长达5个小时的空袭，造成防空隧道中大量民众因缺氧、踩踏死亡。事后调查发现，警报错误、指挥疏导工作混乱、防空洞设计与质量缺陷等原因，共同酿成了这一惨案。

土地革命战争时期，为应对国民党军队的轰炸，在中央革命根据地的部分城乡于1933年建立防空防毒委员会，指导群众防空工作。抗日战争期间，为抵御日军空袭轰炸，陕甘宁边区和各抗日根据地都采取了各种防空措施，减少了敌人轰炸所造成的损失。

1. 新中国人民防空的产生

1949年前后，台湾的国民党不甘心失败，对某些沿海地区实施临空轰炸和炮击袭扰，中央决定在这些地区组织和动员群众开展防空袭防炮击工作，部分省市成立人民防空机构，采取应急性防护措施手段，保护人民生命财产的安全。

1950年，上海“二六轰炸”是国民党对上海市破坏最严重的一次轰炸。2月6日上午9时，国民党空军混合机群17架分4批起飞，中午到达上海市上空，投下近70枚重磅炸弹。轰炸的主要目标是杨树浦上海电力公司、闸北水电公司、南市华商电力公司、何家湾法商水电公司等。其中，担负供应上海80%电力的杨树浦上海电力公司发电厂厂房被炸塌，三分之二发电设备被毁，造成全市大规模停电、重大人员伤亡和财产损失。

上海各界民众同仇敌忾，在上海市政府的统一领导下，本着多管齐下、军民团结、全民动员和稳扎稳打、逐步胜利的原则，积极开展收容救护受难群众，抢修被炸发电设备和线路，确保市场供应，保障市民生活稳定并及时安抚民众，消除空袭恐慌，严惩协助敌机轰炸的特务，震慑不法分子，成立并完善民防体系，加强防空军事力量等一系列的反轰炸斗争，最终取得反轰炸斗争胜利。

为防范和减轻空袭危害，中华人民共和国政务院于1950年10月颁布了《关于建立人民防空工作的决定》，要求“立即紧急行动起来，在一切可能遭受空袭的地区和城市建立人民防空组织，加紧人民防空工作的设施建设”。10月31日，毛泽东主席批准成立中央人民防空筹备委员会，由周恩来总理任委员会主任，规定人民防空任务、方针和政策，并着手进行人民防空的各项准备工作。2010年，经国务院、中央军委批准，国家人民防空办公室确定1950年

10月31日为新中国人民防空创立日。

2. 创建奠基阶段

1950—1953年，是我国人民防空工作创立、奠基时期。

截至1953年11月，全国共有4个省、36个主要城市建立人民防空组织并设有专职机构。各重点城市组织群众建立了自卫队、救护队、消防队，开展抢救伤员、消防灭火和除害灭菌工作。特别是东北和沿海城市，配合抗美援朝战争和爱国卫生运动，组织领导广大人民群众开展了反破坏、反轰炸、反细菌战和抓捕国民党空降特务的斗争。

3. 结合建设阶段

1953—1968年，我国人民防空由临战应急状态转入和平发展时期，贯彻“长期准备、重点建设”的方针，结合城市建设发展，重点加强了防护工程建设。

4. 全民建设阶段

1969—1978年，是我国全民动员，大搞人防建设的高潮时期。这一时期在全民中广泛开展了战备形势和防空知识教育，组织城市居民修建了大量防空工事，组织了城市部分人口疏散和工厂疏散搬迁，从思想上、组织上、工作上立足于早打、大打、打核战争的准备。

经过10年的建设，人民防空战备思想和防空常识教育、人口疏散计划、防空专业队伍等工作有了一定基础，各重点城市有线、无线通信网和警报系统也基本建立起来。

5. 调整改革阶段

1979—1996年，是我国人民防空建设服务于国家经济建设大局，平战结合，深化改革，充分发挥战备效益、经济效益和社会效益，为经济建设服务时期。

这个时期，人民防空事业伴随着国家改革开放的步伐不断前进，取得了许多新的成果。尤其是“八五”以来的不断创新，探索了人民防空建设的新路子，为人民防空建设创造了有利条件，转变了传统的等、靠、要的观念，广开资金筹集渠道，加大资金投入，加快建设速度，结合开发利用城市地下空间，从总体上增强了人民防空的发展能力。人民防空事业得到了全面发展，上了一个新台阶。

6. 创新发展阶段

进入新世纪，我国人民防空事业面对新形势、应对新挑战，大胆推动改革创新，实现了新的跨越，步入了快速发展、全面发展、创新发展、科学发展的崭新阶段。

2000年，第四次全国人民防空会议强调，人民防空工作要从只注重战备功能转变到综合发挥战备、社会、经济三个效益上来。这一战略性转变，为人民防空事业的发展奠定了重要基础。

2005年，第五次全国人民防空会议强调，要大力推进人民防空建设，由机械化战争条件下的防空袭准备向信息化条件下局部战争的防空袭准备转变,由单一的防空袭体制向防空防灾相结合的体制转变,由以行政命令为主管理的模式向依据法律法规为主管理的模式转变,努力提高人民防空的快速反应能力、整体抗毁能力和应急救援能力。人民防空开始由单一防空向防空防灾一体化转变。

2010 年,第六次全国人民防空会议提出,要把人民防空作为应急管理的重要力量,要求努力构建与国家安全和发展需要相适应、具有中国特色的现代人民防空体系。

2016 年,第七次全国人民防空会议强调,要提升履行使命任务能力,提高防空袭斗争能力,有效履行战时防空、平时服务、应急支援职能使命。要转变人民防空建设发展方式,树立和落实新发展理念,深化改革,推进军民融合,努力实现更好质量、更高效益、更可持续的发展。会议要求发挥军政共同领导优势,各级党委和政府以及军事机关要加强组织领导。

70 多年来,人民防空在党中央、国务院、中央军委的正确领导下,从无到有、由弱到强、融合发展,逐步建成独具特色的防护体系,成为国防的重要组成部分、国民经济和社会发展的重要方面、现代城市建设的重要内容、利国利民的社会公益事业。

1.3　上海民防沿革

上海地处中国大陆东部沿海的中部,位于长江入海口,是重要的门户,也是国际经济、金融、贸易、航运中心,具有全球影响力的科技创新中心。作为人民防空重点城市,积极加强人民防空建设,对于提高上海超大型城市战时和平时的安全防护能力具有十分重要的意义。

上海防空袭历史始于 1932 年的“一・二八”淞沪抗战。国民政府曾在上海采取过一些防空袭措施。

1949 年 7 月,华东军区淞沪警备司令部组建民防处。11 月 4 日,成立上海市人民防空委员会。自此,开启了上海人民防空的历史。

改革开放之前,上海的人民防空建设虽然取得了一定的成绩,但从总体上来看,还存在着防空与防灾工作结合不够、人民防空工作的内在活力不足等问题,在全国处于相对落后的状况。

1. 1978—1985 年:平战结合建设阶段

这一时期,上海市加强对人民防空工作的组织领导,落实各级人民防空工作机构,突出加强人民防空工程建设,在人民防空组织指挥、通信警报建设和宣传教育工作方面取得明显进步,基本改变落后面貌,并在民防工程平战结合,即利用已建民防工程服务经济建设取得突出成绩,跨入全国先进行列。

2. 1986—2004 年：民防建设阶段

上海人防系统推进职能拓展和模式变革，在全国率先迈开“人防向民防转变”的步子，在推进上海民防建设的同时，积极承担城市抗灾救灾工作，为上海城市防灾体系建设作出了积极努力和重要贡献(图 1-1)。

图 1-1　1992 年 8 月 15 日，上海市民防办公室正式对外挂牌

3. 2005—2010 年：防空防灾一体化建设阶段

这一时期，上海人防把战时防空与平时防灾紧密结合起来，把人民防空应急管理与突发公共事件应急管理紧密结合起来，实行一体建设，人防快速反应能力、整体抗毁能力和应急救援能力不断提高。

4. 2010—2020 年：与国家战略相结合发展阶段

这一阶段，上海民防牢固树立总体国家安全观，进一步提高政治站位、明晰职能定位、把握历史方位，坚持战备为先、防空为要，深度融入军事斗争准备、融入经济社会发展、融入城市应急管理，一系列重要规划、重大政策、重点项目渐次落地，踏上民防治理体系和治理能力现代化的新征程。

面向“十四五”，上海民防坚持“人民城市人民建，人民城市为人民”，在民防忠诚履行职责使命的责任担当中，在长三角一体化城市群防护的时代背景中，在城市防护与重要经济目标防护并重的整体要求中，在彰显人民防空人民属性的社会治理和社会动员视角中，扎实推进民防工作转型升级和高质量发展，努力构筑适应超大城市发展需求的现代人民防空体系（图 1-2）。

图 1-2　2019 年 7 月 30 日，沪苏浙皖人防系统在上海签订长三角区域一体化发展协议

2 人民防空风险概述

2.1 风险和风险管理

风险，通常是指在既定条件下的一定时间段内，某些随机因素可能引起的实际情况与预定目标产生偏离的情况。其概念包括两方面内容：一是风险意味着损失；二是损失出现与否是一种随机现象，无法判断是否出现，只能用概率表示出现的可能性大小。

1. 风险

风险由风险因素、风险事故和风险损失等要素组成。风险的出现，会使人们所期望达到的目标与实际出现的结果之间产生偏差和距离。风险具有客观性、损失性、不确定性、普遍性、社会性、可测性、可变性等特征。

风险因素是风险产生的原因，风险事故是风险的表现形式，风险损失是风险产生的损失后果。三个因素之间有着客观的因果联系，共同构成风险的概念范畴。具体的风险由于其三种因素状况不同，从而呈现出不同的风险特征。有些风险呈现出“爆发式”特征，而另一些风险则呈现出“渐进式”特征。近期大家比较关注的“黑天鹅”和“灰犀牛”事件就分别属于以上两种不同特征的风险。“黑天鹅”事件是指极其罕见、难以预测，且一旦发生其影响足以颠覆以往任何经验的重大事件；“灰犀牛”事件是指太过于常见以至于人们习以为常的风险，比喻大概率且影响巨大的潜在危机。

风险是客观存在的，是普遍的，对于风险，我们只能减少而不能完全消除其造成的损失。同时，就某一具体风险损失而言，其发生是不确定的、随机的。单一风险虽然具有不确定性，但对总体风险而言，风险事故发生是可测的，即运用概率论和大数法则可以对总体风险事故的发生进行统计分析，找出风险的规律性，从而实施针对性的有效的防控措施和手段。这也是我们开展风险管理研究、实施风险防控措施的理论和逻辑基础。

2. 风险管理

风险管理是社会组织或者个人用以降低风险消极结果的决策过程，通过风险识别、风险估测、风险评价，并在此基础上选择与优化组合各种风险管理技术，对风险实施有效控制和妥善处理风险所致损失的后果，从而以最小的成本收获最大的安全保障。针对城市安全的风险管理，是对可能导致人员伤亡、财产损失及其他不良社会影响的单位、场所、部位、设备设施和活动进行风险辨识、分析、评价、控制并持续改进的活动。

人民防空是城市安全风险防范的重要组成部分。要强化风险意识，履行“战时防空、平时服务、应急支援”的职责使命，建设适应城市发展需求的现代人民防空体系，努力防范和降低战争威胁，助力防范和化解城市发展的重大风险隐患。一是要把握城市的生命体征，深刻认识风险的客观规律，分析研究人民防空风险管理内容，切实加强风险研判、动态监管，做好风险管理工作。二是要知责有为、防患未然，以人民防空工作的确定性来化解风险防控的不确定性，贯彻落实总体国家安全观，坚持警钟长鸣，持续健全风险防范落实体系，全面落实人防战备准备。三是要加强风险治理的组织领导，党政同责、一岗双责、齐抓共管、失职追责，夯实风险治理支撑体系，切实担起促一方发展、保一方平安的政治责任。

3. 人民防空风险

结合风险和人民防空的定义，总结归纳人民防空风险的概念，即在平时开展人民防空建设和战时开展人民防空袭斗争中，由于某些随机风险因素影响，造成风险损失，致使人民防空建设管理和人民防空行动无法达成预期目标。

4. 人民防空风险管理

人民防空风险管理，是指针对平时开展人民防空建设和战时开展人民防空袭斗争中存在的风险，建立健全风险研判、风险评估、风险预警、风险防控协同、风险防控责任落实等工作机制，主动加强协调配合，提高防控风险意识和能力，做到“早识别、早预警、早发现、早处置”，采取有效的应对措施和手段，切实提高风险化解能力，降低风险损失的活动。

2.2 人民防空风险管理内容

本书将人民防空风险管理内容分为三个部分，即人民防空空袭风险管理、人民防空设施风险管理和民众人防风险管理。

2.2.1 人民防空空袭风险管理

人民防空行动是以减轻空袭灾害为宗旨，通过一系列手段和措施对人员及重要经济目标进行防护的行动。从人民防空部门需要应对的战争风险来说，主要包括防御常规武器、核武器及化学、生物武器进攻等。

防御常规武器风险，是指在人民防空行动中民众所面临的各种常规武器导致的直接或间接危害。随着战争形势的演变和高新技术的应用,常规武器除了精确制导以外还向着大威力发展。为了应对常规武器发展的特性,防护工程科学相关研究和技术也在不断发展和完善,相关新理论、新技术和新标准也在人民防空工程建设中广泛应用。

防核生化风险,是指民众在人民防空行动中所面临的各种攻击性武器导致的直接或间接的核生化危害。人民防空核生化风险防控,旨在最大程度地遏制核生化威胁,减轻核生化效应带来的杀伤危害和环境生态损失,保障政府组织的运转和社会公众的生存活动。

同时,集束炸弹、贫铀弹、石墨炸弹、电磁脉冲炸弹等新型武器的出现,对人民防空产生新的风险。

针对人民防空袭风险,各级人民防空部门要组织编制防空袭方案,落实人民防空设施建设,组织开展各级各类人防训练演练,不断提高城市综合防护能力和战时组织指挥能力,切实有效防范和抵御空袭风险。

2.2.2 人民防空设施风险管理

人民防空工程和人民防空警报系统平时是人民防空建设的重要内容,战时是人民防空行动的重要依托。人民防空设施风险包括人民防空工程风险和人民防空警报系统风险。

1. 人民防空工程风险

民防工程即人民防空工程,包括为保障战时人员与物资掩蔽、人民防空指挥、医疗救护等而单独修建的地下防护建筑,以及结合地面建筑修建的战时可用于防空的地下室。根据《中华人民共和国人民防空法》规定:"城市的地下交通干线以及其他地下工程的建设,应当兼顾人民防空需要。"一般将此类兼顾人民防空需要的工程简称为"兼顾设防工程"。

民防工程是防备敌人突然袭击,有效地掩蔽人员和物资,保存战争潜力的重要设施。民防工程有很厚的被覆层,能抵御冲击波、光辐射、核辐射和常规爆炸碎片等各种杀伤源的直接伤害。同时,民防工程还可避免内部人员在空袭非直接命中情况下,由于周围建筑物倒塌、火灾等次生灾害而造成的伤害。

民防工程中的"三防"设施主要是指民防工程密闭设施、滤毒通风设施和洗消设施。配备了"三防"设施的民防工程能够保护工程内部免受毒剂、放射性和生物战剂污染危害,为掩蔽人员提供清洁空气,保障在外部染毒条件下,少量人员能出入民防工程。

密闭设施主要有防护密闭门、密闭门、防毒通道等。防护密闭门是进入工事的第一道门,它能抗震、抗爆炸,阻挡冲击波,防止放射性尘埃或有毒气体进入工程。密闭门主要起密闭作用,防止放射性尘埃、毒气和生物战剂气溶胶进入内室。在出入口处,两道相邻密闭门之间的空间称为防毒通道。防毒通道空间能使漏入的毒剂浓度降低,有利于人员进出工程。

滤毒通风设施由滤尘器、滤毒器和风机、管道等设备组成。滤尘器和滤毒器分别起到除烟尘、毒雾和吸附毒剂蒸汽的作用，过滤出来的清洁空气由风机通过管道送入民防工程内室。

洗消设施包括洗消间和消毒药品、洗消器材等，用于对进入人员进行局部或全身洗消，以避免人员将毒剂带入内室，保障内室安全。

民防工程建设具有多样性、长期性、稳定性、双重性、消耗性等特性。多样性，是指人防工程的种类繁多。长期性，是指人防工程的建设和工程体系的完善周期较长。稳定性，是指人防工程具有建成后不易改造，且保存时间较长的特点。双重性，是指民防工程具有平时服务于经济建设，战时保护人民生命财产安全的双重功能。消耗性，是指人防工程建设需要大量的资金投入。虽然民防工程实施平战结合，可以产生一定的经济效益，但由于其本质上仍属于战备工程，能用于商业开发的比例有限，加之工程技术复杂，建设经费基数大，因而，资金投入一般大于产出，属于消耗性建设。

针对上述特性，民防工程风险本质，是工程建设和使用过程中，由于未按设计要求施工、未按规定要求使用及某些不确定外部环境因素造成的影响工程战备用途的可能性。民防工程风险分别体现在设计、施工、使用、维护等不同领域。

民防工程风险，除了一般地下工程常见的设计施工风险和使用风险以外，主要是影响和破坏民防工程防护效能的风险。包括民防工程设计不符合人民防空规范设计要求、工程施工质量不满足防护效能要求、民防工程规划数量不能满足战时需要、兼顾设防工程落实兼顾人防要求不到位；在用工程中的人民防空设备设施遭到损坏或破坏、民防工程平战结合使用过程中维护保养不到位等。

针对民防工程风险，民防主管部门通过制定和落实建设规划、建设过程中的安全质量监管、在用工程的日常监督管理，确保民防工程按照国家规定的数量和防护标准进行建设，保障人民防空设备设施功能不丧失，在平战转换中能及时得到有效使用。

2. 人民防空警报系统风险

人民防空警报系统是国防设施的重要组成部分，是防空警报信号接收和发放的主渠道，是战时用于人民防空组织人员紧急疏散的基本告知手段，是平时抢险、救灾等抵御自然灾害和次生灾害等的紧急报知方式。2018 年，中国气象局、国家人民防空办公室联合印发《关于人防部门接入使用国家突发事件预警信息发布系统的通知》，推动各级人防部门接入使用国家突发事件预警信息发布系统，促进人民防空与突发事件预警信息发布工作体系的对接融合，拓宽了预警信息发布的渠道，公众预警信息覆盖率也有大幅度的提升。

人民防空警报系统风险，除了警报器本身质量可靠性的风险以外，还包括警报覆盖率不足、民众无法正确识别防空警报的风险。对人民防空警报系统存在的风险，人民防空主管部门通过制定和落实建设规划，建设警报发放控制系统，加强警报日常维护管理，开展警报试鸣，不断提高警报音响信号的覆盖率、统控率、完好率和民众知晓率，保障人防警报发放。

2.2.3 民众人防风险管理

民众人防风险指的是由于民众国防观念和人防意识不足，对人防法律法规不熟悉，未充分掌握人防知识和人防自救互救技能，导致当空袭灾害来临时，无法按照要求完成人民防空组织动员行动任务，人民防空行动失败，从而造成人民生命财产损失的风险。

民众人防风险管理是指人防部门组织动员民众学习民防相关法律法规和规章制度，增强国防观念和人防意识，掌握必要的人防知识和防护技能，使民众能正确辨识防空警报信号，能快速响应，并积极参与围绕防护敌人空袭需要而动员和组织的人民防空行动，从而达到防范和减轻风险的作用。

在民众人防风险管理中，社区发挥了不可替代的重要作用。社区是社会治理的最基本单位，是社会治理体系中最基础的部分，也是风险管理的重要基层基础。如何提升社区风险管理水平已成为政府关注的重点。

从人民防空行动来说，民众既是空袭损失的承担者，又是消除空袭后果的参与者。在空袭灾害发生后，社区能迅速动员和组织居民群众开展紧急救援，既是为了将空袭造成的人员伤亡和财产损失降到最低，又是为了更好更快地消除空袭后果恢复生产。

开展民众人防宣传教育是防范民众人防风险的重要手段。《中华人民共和国人民防空法》规定："国家开展人民防空教育，使公民增强国防观念、掌握人民防空的基本知识和技能。"近年来，各地人防部门高度重视基层的人防基础工作，不断将人防宣传教育工作落实到街镇，体现在社区，着力打通民防建设"最后一公里"。提高社区民防水平是强化城市防护能力的基础性环节。

2.3 人民防空工作管理体制和风险管理机制

2.3.1 人民防空工作管理体制

人民防空工作实行军地双重领导。《中华人民共和国人民防空法》规定："国务院、中央军事委员会领导全国的人民防空工作。"

人民防空工作实行区域管理、属地管理。《中华人民共和国人民防空法》规定："国家人民防空主管部门管理全国的人民防空工作。县级以上地方各级人民政府人民防空主管部门管理本行政区域的人民防空工作。"

人民防空是国防的组成部分，也是国家经济建设、城市建设的重要内容。《中华人民共和国人民防空法》规定："县级以上人民政府的计划、规划、建设等有关部门在各自的职责范围内负责有关的人民防空工作。"要实现人民防空目标任务，政府各有关部门必须充分发挥职能作用，形成各司其职、互相协作的整体合力。

自改革开放以来，随着经济建设和社会发展的需要，上海、江苏等省市人防部门在主要承担人民防空职能同时，也承担了某些平时防灾抗灾职能，推进防空防灾一体化建设，机构名称确定为"民防办公室"或"民防局"。

2.3.2 人民防空风险管理机制

风险管理机制是在风险管理过程中制约规避风险的关键所在。人民防空风险管理重在机制建设：一是完善责任机制，二是构建风险共治机制，三是风险预警防控机制，四是风险处置机制。

1. 责任机制

1）责任的主要内容

人民防空部门承担着提高城市整体防护能力，防范与减轻灾害危害，保护人民的生命和财产安全的责任。不仅要全面落实风险管理的领导责任，严格遵守人民防空的法律责任，也要肩负起人防机构的社会责任。人民防空部门风险管理责任一般包括领导责任、法律责任和社会责任。

领导责任是指相关领导人员在处理问题和事件时，承担的与领导工作职责相关的责任。人民防空相关领导人员应扎实履行"战时防空、平时服务、应急支援"的职责使命，建立完善全覆盖的城市安全风险防控体系，健全优化安全风险防控机制，形成"各级政府分级负责、相关部门分类管理、责任主体认真履责、社会公众积极参与"的城市安全风险防控格局，不断提高城市安全风险防控工作常态化、标准化、规范化、智慧化水平。

法律责任是指任何组织和个人均所负有的遵守法律，自觉维护法律尊严的义务。党的十八大将推进严格规范公正文明执法作为法治政府建设的先手棋，明确法治政府建设目标是"职能科学、权责法定、执法严明、公开公正、廉洁高效、守法诚信"。党的十九大将法治政府建设纳入国家制度建设、治理体系和治理能力现代化建设之中，明确政府治理体系建设的基本要求是"坚持和完善中国特色社会主义行政体制，构建职责明确、依法行政的政府治理体系"。

习近平总书记指出，能不能做到依法治国"关键在于党能不能坚持依法执政，各级政府能不能依法行政""法治国家是法治建设的目标，法治政府是建设法治国家的主体，法治社会是构筑法治国家的基础”。国家通过立法和制度建设等手段，使人民防空风险管理范围做到全覆盖。《中华人民共和国人民防空法》对社会组织和个人的人民防空权利和义务作了明确规定，并对违法行为应承担的法律责任作了相应规定。各地人防部门不仅要遵守人民防空法以及当地的条例、法规，履行法定的管理责任，同时也要对社会组织和个人履行法定义务依法进行监督，对违法行为进行纠正处罚。

社会责任是单位、组织对社会应负的责任。人民防空部门承担的责任与社会公众的需求以及社会的安全发展有着直接的联系，肩负着维护国防安全的使命。如上海市虹口区民防办会同有关单位，结合“美丽家园”建设和落实市政府“民心工程——停车难综合治理”工作要求，充分挖掘潜力，将广灵四路 492 号民防工程出入口部进行改造，民防工程物资库的平时用途改为停车库，有效缓解了周边居民停车难问题。如杭州市人防办多年来坚持在夏天对公众开放人防工程，方便周边居民避暑纳凉，充分发挥民防工程的平战结合功能，提升了民众的安全感和满意度。

2）责任机制的主要内容

为了使各级政府切实加强风险治理的组织领导，必须做到党政同责、一岗双责、齐抓共管，强化失职追责，夯实风险治理的领导责任机制，切实担起促一方发展、保一方平安的政治责任。

党政班子要落实党政同责。实行党政同管、同抓、同责，责任落实到人。城市是复杂的巨系统，是人民群众安居乐业的美丽家园。随着城市规模的扩大、人员集聚和经济要素的密集，城市安全运行的压力也日益增大。要准确把握城市的生命体征，城市管理要像“绣花一样精细”，实施城市有机体的全生命周期管理。要坚持“统一领导、综合协调、分类管理、分级负责、属地管理”的原则，加强组织领导，细化工作方案，明确重点任务，分解落实责任，持续深入抓好城市安全风险防控工作。

领导干部要落实“一岗双责”。“一岗双责”是指既要抓好本人分管领域的业务工作，又要以同等的注意力和责任心抓好所处或分管部门的安全风险管理工作。做到业务与安全工作同研究、同规划、同布置、同检查、同考核、同问责，两手抓、两手都要硬，切实做到“管行业必须管安全、管业务必须管安全、管生产经营必须管安全”。

在人民防空风险管理中做到“齐抓共管”，有效发挥政府、市场、社会的作用，明确各市场主体的工作责任和措施，加强统一领导，切实强化管理，建立人民防空风险管理的社会化体系。各级政府要建立安全风险防控综合协调机制，综合统筹本行政区域内安全风险防控工作，定期研究安全风险防控重大问题，推动落实属地和行业领域安全风险防控工作。

2. 风险共治机制

风险共治是面对风险，进行有效治理的最优选择。由于风险的突发性和无序性，任何单一主体、单一措施，都无法孤立地面对风险的冲击和破坏。

人民防空风险管理是城市风险管理的重要组成部分。围绕防范化解重大风险，着重机制创新，解决统筹规划、法规标准、社会组织动员等问题，人民防空部门要落实“人民城市建设”的理念，秉持共治共建共享，强化社会协同，完善工作机制，注重技术创新。

如上海市民防办公室正大力探索推进“数字民防”建设，聚焦数据驱动和场景应用，对接“两张网”，即政务服务“一网通办”、城市运行“一网统管”，突出风险发现、智能分析和协同处置，以数字化牵引风险治理创新，依托系统融合、数据融通、多方参与，特别是增强跨区域、跨层级、跨部门的快速响应和联勤联动能力，形成风险治理、多元共治的良好态势。

3. 风险预警机制

风险预警是基于预警系统理论基础上的机制，通过检测预警指标值，设定预警阈值，计算风险量，从而预警风险，提前预防以减少损失。做好风险预警，要在风险界定、风险识别、风险辨识、风险评估等工作的基础上形成风险预判。

战时的人民防空风险预警，主要体现在城市防空袭方案编制和实施。城市防空袭方案是城市开展防空袭斗争的总体设想和部署。其目的是建立健全人民防空紧急防护救援体系和运行机制，迅速、高效、有序地参与处理战时相关事件，最大限度地减少人员伤亡和财产损失，保障重要经济目标的安全，维护社会稳定。

平时的城市人民防空风险预警，主要体现在民防工程建设和使用管理过程。如上海市民防办公室在市、区两级民防工程网格化管理巡查、检查的基础上，依托民防工程“安全卫士”“民防要素箱”，针对不同工程的不同风险点，布设水浸、烟感、门磁等物联智能传感器，完善“神经元”感知系统，“人防＋技防”一同发力，盯住那些“反复管、管反复”“看得见的管不了、管得了的看不见”情形，做到风险自动感应、自动报警，努力实现民防工程安全的“观、管、防”一体化。

4. 风险处置机制

风险处置是制订并实施控制风险的计划，确定降低风险发生的可能性并减少其不良影响的方法。风险处置机制就是要在风险预警的基础上把工作重心放在风险防控上。“防”就是通过严密周全的调查研判和实时动态监测，准确预判风险的演进趋势，着力把风险化解在萌芽之时。“控”就是对各种风险做到对症下药、综合施策。在风险蔓延之前通过果断的决策机制、畅通的信息反馈机制和高效的资源调集机制，尽最大能力实现风险的有效防控。

上海市民防办围绕城市防空袭斗争的总体设想和部署，严格落实“宁可信其有、不可信其无，宁可备而不用、不可用而不备，宁可标准高一点、不可要求降一分”的工作要求，建立迅速、高效、有序的现代人民防空体系，组建抢险抢修、医疗救护、防化防疫、消防、治安、通信、运输、对空观察、信息防护、心理防护、空中救援等 2 万余人的人防专业队伍，市区两级建有 17 支民防救援队，担负核生化侦测和重大活动安保任务，形成了关键时刻拉得出、冲得上、打得赢的防护救援骨干力量。同时结合平时工作，围绕“数字民防”建设，建成“在建、在用民防工程安全使用管理”“民防特种救援应急处置”智能化场景应用，建立发现问题、立案派单、处置反馈、核查结案等环节的闭环管理流程，实现安全隐患的实时发现、实时派单、实时跟踪、实时督办。

3　人民防空空袭风险管理

空袭是随着飞行器用于战争而产生和发展的。1911 年 11 月 1 日，意大利飞行员朱里奥·加沃蒂(Giulio Gavotti)驾驶“鸽”式飞机，在北非塔吉拉绿洲和艾因扎拉地区向士兵阵地投下了 4 颗各重 2 千克的“西佩利”式榴弹。这是世界飞机作战史上的第一次空袭。之后，空袭便成为一种新的作战样式，登上了战争舞台。

第一次世界大战初期，飞机用于实战并开始轰炸城市，城市面临的空中威胁逐渐增大。为了加强城市居民和经济目标的防护，英国率先成立“伦敦防空指挥部”，采取灯火管制、构筑防空洞、疏散居民、建立空袭警报报知勤务等措施，收到一定的防护效果。从此，以防空为主要目的的民防开始出现。第二次世界大战爆发后，由于空袭兵器的迅速发展，城市、军事要地、交通枢纽、工业基地等重要军事和经济目标遭敌空袭的威胁越来越大，世界主要国家相继建立了民防组织，加强了民防建设。战后，受核战争的威胁，世界民防进入大发展时期，各国纷纷制定民防法规，健全民防机制，完善民防设施，促进了民防水平的提高，使民防成为国防的重要组成部分。

我国国土防空体系由人民防空、要地防空、野战防空共同构成。三者相辅相成完成防范和抗击敌空中入侵任务，维护国家和人民群众生命财产安全。

3.1　空袭武器简述

3.1.1　常规武器

常规武器是指在金属壳内装有火药、炸药或其他装填物，通过爆炸毁坏和杀伤目标的空袭兵器，是威胁防护目标安全的直接杀手。按照使用方式和抵达目标方法的不同，可分为导弹和炸弹两类。常规武器主要是以各种炮弹、炸弹、火箭弹、导弹的弹片和爆炸震浪威力来杀伤人员、毁坏工事、破坏各种设施等，具有火力猛、精度高、射程远等特点。

现代空袭使用激光、红外、电磁制导的炸弹、导弹，平均命中偏差仅几米，命中率 95%以上。海湾战争中，为了不毁伤水库大坝而又摧毁发电设施，多国部队首先用一枚“斯拉姆”导弹在电站水泥墙上炸开一个缺口，然后用另一枚导弹从缺口穿过，准确击中电站设备，水库大坝安然无损。科索沃战争中,美军悍然用 5 枚制导炸弹袭击了我国驻南斯拉夫联盟大使馆,其中 3 枚炸弹从使馆的主楼楼顶直贯地下室。袭击造成我国 3 名记者死亡,20 余人受伤,馆舍严重损坏。

3.1.2 核武器

核武器是利用原子核瞬间释放出的巨大能量起杀伤破坏作用的武器。原子弹、氢弹、中子弹等统称核武器。核武器可用导弹、火箭、火炮、飞机、舰艇等运载工具发射、投掷,还可以依附地雷、鱼雷等使用。

核武器的威力是指核弹爆炸时所释放的能量,而不是指核爆炸的杀伤破坏范围。核武器爆炸时释放的能量,比只装化学炸弹的常规武器要大得多。衡量核武器威力大小通常用 TNT 当量(简称“当量”)来标识。当量是指核武器爆炸时释放的能量相当于多少质量的三硝基甲苯炸药爆炸时所放出的能量。核武器的爆炸方式主要有空中爆炸和地面爆炸两种,其共同特点是依次出现闪光、火球、尘柱、蘑菇状烟云,在一定范围内能听到巨大的声响。

核武器的杀伤破坏因素有光辐射、冲击波、早期核辐射、核电磁脉冲和放射性沾染五种。前四种是在核爆炸几十秒钟内起作用,统称为瞬时杀伤破坏因素。光辐射是指爆炸时的闪光及高温火球辐射出来的强光和热。冲击波是核爆炸时瞬间形成的高温高压气流。早期核辐射是指在核爆炸最初十几秒辐射出来的人眼看不见的伽马(γ)射线和中子流。核电磁脉冲是核爆炸瞬间产生的一种强电磁波。在核爆炸的蘑菇状烟云中,存在着大量的放射性物质,这些物质与带到烟云中的地面尘土混合在一起,造成对人员、空气、地面、物资等污染的现象叫作放射性沾染。

3.1.3 化学武器

化学武器是装有毒剂并能将其形成战斗状态的武器和器材,包括装有毒剂的炮弹、导弹、地雷等。毒剂的分类多种多样,按毒剂的生理毒害作用,可以将毒剂分为神经性毒剂、糜烂性毒剂、全身中毒性毒剂、失能性毒剂、窒息性毒剂、刺激剂等。化学武器使用后,毒剂发挥杀伤作用的状态叫作战斗状态。化学武器按照其毒剂变为战斗状态的方法可分为爆炸型、热分散型和布洒型三类。

化学武器的伤害形式包括毒剂初生云、毒剂再生云和毒剂液滴。毒剂初生云是指化学武器通过爆炸、热分散、喷雾、布洒等方法施放时,毒剂直接形成的毒剂蒸气、气溶胶毒气团。毒剂再生云是指毒剂液滴自然蒸发出的蒸气形成的染毒气团。毒剂液滴是指化学武器通过爆炸、布洒等方法施放时,地面、物体表面所形成的染毒液滴。

3.1.4 生物武器

装有生物战剂的各种施放装置称为生物武器。生物武器主要由生物战剂、生物弹药和运载工具组成。生物战剂是在战争中用来伤害人、畜或毁坏农作物的致病微生物及其所产生的毒素的统称。按照军事效能,生物战剂可分为致死性战剂与失能性战剂、传染性战剂与非传染性战剂、长潜伏期战剂与短潜伏期战剂等;按生物学的微生物分类,生物战剂可分为细菌、立克次体、衣原体、病毒、真菌和毒素等。

3.1.5 新型武器

近年来,部分国家在开展新型武器研制方面取得重要突破。新型武器多运用新的技术手段,通过打击破坏装备的某个关键部件,剥夺对手的战斗力。常见的有以下几种。

集束炸弹是将小型炸弹集合成一般的空用炸弹的形态,每个小型炸弹称为子炸弹,因此又称子母炸弹。由飞行器空投之后,在空中分解,借由散布子炸弹到广泛的地面造成区域性杀伤。

贫铀弹是指以含有铀 238 的硬质合金为主要原料制成的炮弹和枪弹。贫铀粉末是一种易燃易爆物质,在常温下就能自燃,在摩擦或撞击时,能在空气中氧化燃烧,释放出大量能量并发生爆炸。用贫铀做成的金属棒在动能的驱使下撞击到物体上后表现出自发锐性特征,穿透能力远高于一般的穿甲弹。

石墨炸弹又名软炸弹、断电炸弹,俗称“电力杀手”,因其不以杀伤敌方兵员为目的而得名。石墨炸弹是选用经过特殊处理的纯碳纤维丝制成,每根石墨纤维丝的直径相当小,仅有几千分之一厘米。主要攻击城市的电力输配系统,使其瘫痪。

电磁脉冲弹也称电磁脉冲武器,是能产生强电磁脉冲以毁坏敌方电子信息装备或破坏其正常工作的各种弹药的总称。

3.2 空袭武器带来的主要威胁

1. 核武器爆炸直接毁伤

无论何种方式的核武器爆炸,其对城市造成毁伤的程度,相比于常规武器袭击都严重得多。核武器的瞬时杀伤作用由光辐射、冲击波和瞬时核辐射造成,其中冲击波是主要杀伤因素。核爆炸冲击波的超压和冲量作用会造成人员或其他目标的毁伤,造成地面建筑物、地下建筑物和设施损毁。一个 10 万吨当量的核爆炸杀伤半径可达 5 km,这是任何常规武器都无法达到的杀伤破坏。第二次世界大战中美军使用原子弹空袭日本,空袭广岛的原子弹

“小男孩”在离地面约 600 m 处爆炸，造成广岛全城方圆 14 km^2 内约 6 万幢房屋被摧毁；空袭长崎的原子弹“胖子”在离地面约 500 m 处爆炸，造成长崎市 23 万人口中的 10 万余人伤亡，城市 60%以上的建筑物被毁。

2. 核武器爆炸间接毁伤

核武器爆炸除了造成爆炸杀伤区内的直接杀伤作用外，由于核爆炸威力巨大，冲击破坏力强，在杀伤区外可造成建筑物、工事等各种设施破坏与倒塌，使人员受到打击或压砸伤害；爆炸碎片、被抛射的石头、砖块、玻璃等的冲击造成人员的二次伤害。核爆炸产生的核电磁脉冲会对电子仪器、仪表、半导体元件、露天电线、地下电缆、电话线、信号线等产生严重的破坏与影响，干扰计算机系统、弹道导弹发射控制、防空指挥系统等电子系统。此外，强烈的核爆炸光辐射会破坏机场跑道混凝土地面，影响飞行安全；引起建筑物、工事、民防工程等设施上被覆材料和可燃物着火。

3. 重要经济目标遭受空袭打击

随着军事技术的快速发展，战争形态日趋复杂，目标选择的重要性也日益凸显。以美军为例，20 世纪 80 年代，美军提出了“五环重心”理论，它将敌方看作一个具有多个组成部分和一定组织结构的系统，按照各个组成部分在系统中的不同重要程度，将目标由内而外分为指挥控制、生产设施、基础设施、民众、野战部队五环。海湾战争中该理论首次得到了实践检验，美军把伊拉克军政指挥中心和军工、石油、化工等企业作为重点打击目标，短时间内使伊军指控体系瘫痪，国民经济命脉严重受损，美军继续打击伊军部队，结果仅仅 38 天就使伊拉克丧失军事抵抗能力，经济损失惨重。

随着光电成像、图像处理、信息传输、精确制导等技术的发展和应用，战场侦察监视、目标捕获能力空前提高，对重要经济目标的生存能力构成日益严重的威胁。从近几年的现代战争来看，使用常规武器打击重要民用设施，已成为某些国家常用的作战手段。使用精确制导武器打击对方核装备、核设施、化工厂、炼油厂、油库、药厂等具有较高的作战效益，既可直接摧毁对方作战能力和战争潜力，又能达成与核生化武器袭击相似的危害效果。

4. 民众心理的影响

民众从长期和平环境中瞬间进入战争状态，将直面生与死的威胁，势必出现情绪焦虑、精神压力大等情况。尤其是在面对战争废墟、人员伤亡惨状以及极度的生理挑战等情况时，极易对人的心理产生重大伤害。

如核武器袭击会产生极大的杀伤力和毁坏力，空袭后敌方造成的放射性污染源，难以在短时间内彻底清除。常规武器空袭核生化设施，会造成放射性物质泄漏、化工厂爆炸、有毒有害物质泄漏等。由于生命受到威胁或亲人的伤亡，因空气污染、土壤污染、水源污染、食品污染等，造成人们无法正常生活，人们内心极度痛苦，出现心理创伤，引发恐慌、愤怒、恐惧、悲伤、绝望等负面情绪。

战时胆战心惊，战后心有余悸，其战后的紧张综合征、抑郁症及战争紧张压力造成的其他症状也会显现出来，一部分人甚至可能产生暴力倾向和抑郁倾向。

3.3 人民防空空袭风险预防措施

面对空袭可能导致的重大风险，人民防空主管部门从防护需要出发，制定了城市防空袭方案，在战时采取人民防空行动，以期最大程度降低空袭给城市带来的影响。

3.3.1 城市防空袭方案

城市防空袭方案，是城市开展防空袭斗争的总体设想和部署，是城市开展人民防空工作的基本依据。防空袭方案的拟制由政府和军事机关统一领导，人民防空主管部门牵头，有关部门参加共同完成。拟制防空袭方案要求内容全面、数据准确、格式正确、操作性强。

3.3.2 工程防护

民防工程是战时保护人民生命和财产的重要场所，其建在平时，在战时防空袭行动中发挥不可或缺的作用。民防工程与普通地下建筑的根本区别在于，民防工程能抵御一定威力杀伤兵器的破坏，即能在预定的核武器、常规武器、化学武器、生物武器袭击和袭击后的城市发生次生灾害情况下，保障人员、物资的安全。

民防工程对各种武器破坏因素的防护性能主要有以下几个方面。

1. 防核武器

民防工程是按规定的防护等级要求设计工程防护结构，具有相应的抵抗地面冲击波和土中压缩波动荷载的能力。为防止冲击波从口部进入民防工程内部，民防工程在入口通道适当位置设置了相应抗力的防护门和防护密闭门，能起到削弱和衰减冲击波的作用，从而保护内部人员和设备、物资的安全。为防止冲击波沿通风口（排烟道）进入工程内部，通风孔道上设置了阻挡与扩散相结合的通风消波系统（一般为防爆波活门和扩散室结合），使冲击波经过消波系统衰减到对人体和设备、物资无伤害的允许余压值。其他各种管孔也都采取了相应的防护措施。

核爆冲击波具有威力巨大、杀伤范围广、作用时间长且会没有选择性地扩散和传播的特点。民防工程的结构构件需采用加大截面尺寸、加强配筋、特殊构造等方式满足抗核爆荷载的强度要求。仅供平时使用的出入口、通风口以及其他类型的孔洞应在临战前进行结构封堵。设置防爆波活门、扩散室等削波设施，削弱冲击波对战时通风设备的作用，保证工程内掩蔽人员的生存环境。

早期核辐射中最具毁伤意义的分别是中子和 γ 射线，对这两项的防护主要是采取“挡”的办法。材料的密度越大，所需的厚度就越小。如可采用半米厚的混凝土完全屏蔽中子，或采用 5 cm 厚的钢铁降低一半剂量。防 γ 射线效果最好的是铅砖，最方便的是土层。因此民防工程的顶板、临空墙等围护结构必须满足最小防护厚度要求，必要时可在顶板上方覆盖一定厚度的土层。外墙顶部防护距离满足最小规定要求。此外还可以通过建筑平面合理布局来降低核辐射的危害，如在出入口通道设置 90°的拐弯，并满足一定的通道长度要求。

核电磁脉冲能量可通过民防工程口部的耦合进入工程内，因此，工程口部必须采取核电磁脉冲防护措施。采取防护措施的目的有三个：一是在工程口外对核电磁脉冲能量加以衰减；二是对于从工程口部进入的核电磁脉冲能量进一步衰减和屏蔽；三是避免形成传输核电磁脉冲能量的多导体系统。利用工程的钢筋网与防电磁脉冲的人防门，可构成屏蔽空间，重要的通信设备等可放置于专门的屏蔽室内。此外，对于引入工程的管道、线路等也应采取相应的屏蔽措施。

2. 防生化武器

为防止地面上化学武器、生物武器的战剂和放射性沾染，通过民防工程孔口或缝隙进入或渗入工程内部对掩蔽人员形成伤害，民防工程采取了可靠的密闭措施，确保工程在空袭情况下具备与外界密闭隔断的性能，如在入口通道内按规定设置防护密闭门、密闭门和防毒通道；在各种管道上设置密闭阀门，在排水管沟设置水封井。为确保工程在外部隔绝情况下具有足够新鲜空气，按照规定设置防护通风系统，并在进风系统上设置过滤器或除尘滤毒设备，以阻止毒剂侵入。

同时，为保障必要的人员进出民防工程，在民防工程战时主要出入口设置防毒通道。防毒通道的工作原理是：当外界染毒时，先打开防护密闭门，人员进入防毒通道后关闭防护密闭门，利用防毒通道内的换气设备将染毒空气排出室外，使防毒通道内毒剂浓度迅速下降到安全程度。另外，战时主要出入口还设有洗消间，用以冲洗、消除人员皮肤或衣物上可能沾有的放射性沾染或毒剂。洗消间是供遭受污染人员通过和消除全身有害物的房间，通常由脱衣间、淋浴间和检查穿衣间三部分组成。

民防工程战时次要出入口设有密闭通道。密闭通道是由防护密闭门与密闭门之间或两道密闭门之间所构成的空间，旨在依靠该空间的密闭隔绝作用阻挡毒剂侵入室内。当室外染毒时，密闭通道的防护密闭门和密闭门始终都是关闭的，不允许人员出入。

3. 防常规武器

民防工程抵御的常规武器主要是各种炮弹、飞机投掷的各种航弹，以及装有常规武器的导弹，通常不考虑直接命中。在常规武器防护方面，主要考虑的是整体破坏作用以及利用工程构建防护单元的方式加强防护。如规定民防工程单个防护单元面积自成独立的防护系统，内部再分为多个抗爆单元。

3.3.3 人民防空行动

1. 警报鸣放

人民防空警报是人民防空部门在可能遭受敌方袭击时发出的一种号令，是人民防空部门所独有的通信设施，是人民防空战备属性的集中体现，是人民防空部门区别于其他部门最显著的标志之一。战时发出防空警报可有效保护人民生命财产安全，减少国民经济损失，保持战争潜力。对人民防空警报的风险防控要求是，要迅速、准确、及时、有效、抗扰、抗毁。

警报发放的一般顺序：(1)当判断敌方可能袭击时，发放预先警报；(2)当发现敌方进行袭击的明显征候时，发放空袭警报；(3) 当敌方袭击的危险已经消除时，发放解除警报。一般情况下，警报信号应按上述顺序发放，如情况突然、紧急，来不及发放预先警报时，也可直接发出空袭警报。警报的发出与传递，要求快速、准确、可靠，并利用多种手段同时进行。

预先警报是人民防空指挥部根据空中情报判明敌可能空袭时发放的一种警报信号，一般在判明有威胁的敌空袭兵器即将进入防空预警圈时发放。其音响规定为：鸣 36 秒、停 24 秒，反复三遍为一个周期，时间 3 分钟。

空袭警报是人民防空指挥部根据空中情报判明敌即将空袭时发放的一种警报信号，一般在判明敌空袭兵器进入防空警报圈时发放。其音响规定为：鸣 6 秒、停 6 秒的连续急促短音，反复十五遍为一个周期，时间 3 分钟。

解除警报是当发出预先警报、空袭警报后，判明敌空袭已经结束，且没有其他有威胁的敌空袭兵器出现时发放，其音响规定为一长音，连续 3 分钟。

2. 组织疏散和掩(隐)蔽

人民防空疏散是指在战争爆发前后，将人员、物资、工厂、设施等，有组织、有计划地撤出并安置到安全地区的行动。人民防空疏散是保存战争潜力、减少人员伤亡和经济损失的主要措施。主要分为早期疏散、临战疏散和紧急疏散三种。

早期疏散是指在国家发布动员令前所进行的疏散，在规定的时限内将人员、物资及重要的设施、器材疏散到安全区域。

临战疏散是指在国家发布动员令后至战争爆发前的疏散。重点是重要目标附近、人员密集区、商业繁华区的人员、物资、设施等，能否以最快的速度在有限的时间内疏散完毕。要求在规定的时限内完成，一般疏散地域以郊区为主。

紧急疏散是指发生空袭或空袭间隙的疏散。通常指首次空袭来临前，或在空袭间隙中实施的疏散掩（隐）蔽行动。紧急疏散主要疏散至既定的人员掩蔽工程，确实无法及时疏散至人员掩蔽工程的，就近就地利用地形地物进行隐蔽。

3. 消除空袭后果

战时消除灾害后果，是对敌空袭所造成的直接危害和产生的次生灾害等进行消除和控制的行动。信息化条件下空袭除使用精确制导炸弹外，还可能使用电磁脉冲炸弹、石墨炸弹、燃料空气弹等特种弹药，既能造成直接危害，还会产生次生灾害和衍生后果，消除空袭后果行动的应急性、技术性、复杂性特征更加突出，任务十分繁重。消除空袭后果主要是组织人防专业队伍实施，并发动群众开展自救互救，主要内容包括：医疗救护、消防灭火、抢险抢修、防化防疫、治安保卫等。

人防专业队伍有抢险抢修、医疗救护、消防、治安、防化防疫、通信、运输等七支传统队伍；随着信息化战争形态的演进和人民防空的需要，上海市民防办还组建了信息防护、心理防护、伪装设障、引偏诱爆、伪装防护、频谱管控、空中救援等新型人防专业力量，在救援及恢复城市运行的行动中发挥着不同的作用。各类队伍各司其职，协调配合，为救援及恢复城市运行发挥专业优势，以及时实施救援行动并提高恢复城市运行速度。

3.3.4　重要经济目标防护

1. 重要经济目标与分级分类

重要经济目标防护工作是人民防空的重要内容。重要经济目标是指对国计民生、城市生存与发展、战争潜力和持续斗争胜利具有重要影响的目标。根据其战略地位和经济价值等因素可分为不同等级，根据目标性质和功能可分为生命线工程、信息通信等不同类别。

2. 重要经济目标防护措施

重要经济目标的防护措施是针对现代空袭的方式、手段和特点等采取有效的防护手段，目的是降低毁伤概率，保证目标基本功能运转，减少经济损失和人员伤亡。主要有以下几个方面：

（1）疏散防护。将重要经济目标或目标内高价值物资、关键设备设施和目标毗邻区人员等，有计划地疏散、转移、搬迁到安全地区。

（2）转入地下。在重要经济目标规划布局或战前准备阶段，有计划、有组织地将重要经济目标的生产调度中心、数据中心、关键设备设施等关键部位主体（局部）转入地下，或进行异地备份。

（3）加固防护。对重要经济目标中的一些重要设备、设施、车间、仓库等采取应急附加防护的措施，如：战前加固厂房车间的主体结构；在重要设备周围覆土或设置防护屏障；在可能遭受洪水次生灾害威胁的目标周围加高加固原有堤坝等。

（4）设障防护。通过设置防空气球、空中布雷、编织空中障碍网等方式在重要经济目标附近设置空中障碍，提升防护效能。

（5）信息防护。对重要经济目标的信息系统、计算机网络系统、指挥通信控制系统等实施电磁脉冲屏蔽防护和计算机网络防护措施，提升目标的信息防护能力。

（6）伪装防护。对重要经济目标或关键部位进行伪装防护，通过伪真示假，以假乱真，使敌侦查装备获取错误的信息，从而隐蔽自己、迷惑敌人，有效降低敌发现和袭击的概率。伪装防护的措施通常包括迷彩伪装、技术伪装、设置假目标等。

（7）干扰防护。通过各种电子干扰设备和器材对敌精确制导武器的制导系统实施电子干扰、欺骗与摧毁，达到保存目标的目的。

（8）关闭生产工序。对于那些一旦被毁损，会造成严重次生灾害的易损性强的目标，采取关闭生产工序的措施，可以减少直接和间接损伤。

（9）减少贮存。对重要经济目标内的生产物资、原料和危险品等，可通过减少储备量来增强抗力，达到保护的目的。如大型水库、大型油库、大型化工原料仓库等，只有通过减少储备量，才能增强抗力，减少防护的压力。

（10）抢险抢修。在目标被敌空袭损伤后，采取一系列行之有效的措施手段，包括消防灭火、抢修抢险、医疗救护、防化洗消等。

3. 重要经济目标防护装备器材

重要经济目标防护装备一般分为伪装防护装备和电子防护装备两大类。

伪装防护装备主要包括各种伪装网、假目标、角反射器、干扰弹、诱饵弹等。其作用是在可见光、近红外、热红外和微波方面消除、减小或模拟目标与背景的差别，以达到隐真示假的目的。因此，相关装备设施效能着重体现在“快”上，即能在接到空袭预警后迅速发挥作用，改变目标区域的地貌特征、施放干扰信息等，在最短时间内达到预期效果。电子防护装备主要包括预警装备、告警设备、监视装备、干扰装备等各类光电对抗系统。其作用是利用光电、侦察、干扰等电子防护技术，对来袭兵器进行干扰诱偏，降低人防目标被命中和损毁的概率。

3.3.5 核生化袭击时的个人防护

在可能受到核生化武器袭击时，民众首先应听从人防主管部门的组织指挥，进行集体防护，就近进入民防工程进行掩蔽。若无法进入民防工程时，应利用地形地物进行隐蔽，从而尽可能地减轻或避免核生化武器袭击的伤害。

1. 核武器袭击后的个人防护

一旦遇到核武器袭击，为减轻早期核武器爆炸冲击波和光辐射的伤害，在无法进入民防工程的情况下，应因地制宜采取适当的防护措施。后期在减少放射性沉降带来的放射性物质的伤害中应采用辐射防护三要素原则，即减少与放射性物质接触时间、增大防护距离、采取屏蔽措施，最大限度避免或减少放射性沾染带来的辐射伤害。为了减轻体外照射损伤和体内沾染的伤害，可口服碘化钾等预防药物。

1）核武器袭击早期防护措施

（1）在室外的就地防护。

民众在室外发现核爆炸闪光不要惊慌奔跑，不要观看火球，应立即就近利用地形地物（如矮墙、花坛、土堆、深坑、桥洞等），横向爆心卧倒进行防护。如果地形、地物较小，则应重点保护头部，尽量避开高层建筑物及易燃、易爆物品。如果附近有河流、湖泊，可潜入水体中进行短时间躲藏。

处在开阔地的人员，应迅速背向爆心卧倒，双手交叉垫于胸下，两肘前伸，脸部尽量夹于两臂之间，闭眼、闭口、腹部微收，停止呼吸，两腿伸直并拢，以减轻核爆炸冲击波与光辐射的伤害。巨大响声过后，室外人员应迅速戴上防毒面具或口罩，掸掉身上的尘土，进行必要的皮肤防护，就近寻找民防工程掩蔽。

（2）在室内的就地防护。

处于建筑物内的人员应立即在室内角落或床、桌下卧倒或蹲下，应该尽量避开门窗处和易燃易爆物。有条件进入建筑物地下室、半地下室的人员，应立即进入地下室、半地下室，并关好门窗，用棉花、耳塞或手掩堵耳孔。

2）核武器袭击后期防护措施

核爆炸后，原则上应迅速撤离沾染区，消除放射性沾染。撤离时要戴好防毒面具或口罩，或用毛巾捂住口鼻，扎好裤口、袖口、领口，或用雨衣、塑料布、床罩等身边容易得到的物品把暴露的皮肤遮盖起来。一时无法撤离的，应直接躲进可掩蔽的装备或建筑物内，尽量减少在室外的活动。室内的人员，应立即关好门窗，贴上封条，堵住孔口，密封食品和饮用水，进入地下室或建筑物中心房间。

2. 化学武器袭击条件下的个人防护

化学武器以化学毒剂的毒害作用，对暴露在染毒区和毒剂云团扩散区内的人员造成杀伤。呼吸道、皮肤、消化道是化学毒剂对人员造成毒害作用的主要途径。采取集体防护和个人防护可有效对化学武器袭击进行防护。

当遭受化学武器袭击，民众除了利用民防工程、防护工事等设施进行集体防护以外，还可以使用个人防护器材进行个人防护。个人防护器材包括专业防护器材和简易防护器材等。

1）专业防护器材

呼吸道是化学毒剂进入人体进行毒害的最主要的途径，遇到化学武器袭击后首先需要做好呼吸道防护。呼吸道防护器材主要有防毒面具、口罩等。防毒面具分为过滤式防毒面具和隔绝式呼吸器，可用于防止毒剂通过呼吸道、眼睛和头部皮肤侵入人体。过滤式防毒面具由面罩和滤毒罐两大部分组成，用于过滤染毒空气，保护面部、呼吸道不受化学毒剂伤害，起到较好的防护作用。民众在佩戴防毒面具时应听从人防防护专业队伍的指导，正确佩戴防毒面具。

皮肤是化学毒剂侵害人体的途径之一，除了呼吸道防护，还需要做好皮肤防护。皮肤防护器材通常有化学防护服和连身式防毒衣，对毒剂蒸气有较好的防护作用，与防毒面具、橡胶手套等配套使用，可保护全身不受毒剂侵害。

2）简易防护器材

简易防护器材结构简单、取材制作方便，适合民众在战时缺少专业防护器材时制作使用，可一定程度上起到防护效果，减轻化学毒剂的侵害。

民众在制作简易防毒面具时可使用直径 0.5～3 mm 的石灰粒、浸碱水的土壤颗粒、木炭及稻草灰、小苏打等代替防毒炭，也可采用市售活性炭作填料，分层装在简易滤毒罐内或包在毛巾内，与面部密合防止中毒。紧急时还可使用多层毛巾或纱布制作简单的防毒口罩，使用浸有 20%的石灰水、碱水或肥皂水的湿毛巾捂住口鼻，也能起到较好的防护作用。第一次世界大战时，民众使用浸碱水的口罩来防护氯气袭击并取得了良好的防护效果。

眼睛简易防护器材可采用劳动保护镜或各种风镜，再用胶布把透气部位密合起来，也可用密合较紧的游泳防水眼镜保护眼睛，有效防护有毒气溶胶、液滴状毒剂侵害眼睛。

皮肤简易防护器材可利用雨衣、塑料布、帆布、大衣等披在身上隔绝化学毒剂液滴渗透，起到皮肤防护效果；若需要通过染毒区时，可穿长筒雨鞋、胶鞋、皮鞋或用油布、塑料布、麻袋、稻草等包扎在小腿和脚上防止液滴状毒剂通过皮肤产生毒害。

3. 生物武器袭击后的个人防护

由于生物武器使用隐蔽，不易发现察觉，病毒甄别困难，民众在遭受生物武器袭击后应严格按照战时防疫主管部门的要求，注意个人和环境卫生，并做好相应的防疫措施。

4 人民防空设施风险管理

4.1 民防工程

4.1.1 概述

民防工程是战时掩蔽人员、物资，保护人民生命和财产安全的重要场所，是实施人民防空最重要的物质基础。它有别于普通地下室，具有预定战时防空功能，在建筑设计、构造技术和设施设备安装方面都有特别要求。同时，民防工程在和平时期作为城市建设和发展的一部分，可为人民的生产生活服务。

1. 民防工程的基本分类

按照工程建设形式可分为单建式民防工程和结建式民防工程。单建式民防工程指为保障战时人员与物资掩蔽、人民防空指挥、医疗救护等而单独修建的地下防护建筑。结建式民防工程指结合地面建筑而修建的地下防护建筑。

按照工程开挖方式可分为掘开式、坑道式和地道式民防工程。

按照工程权属划分可分为公用民防工程和非公用民防工程。公用民防工程，是指国家以财政预算内资金和收取的民防工程建设费、民防工程拆除补偿费进行投资，并由人防部门负责修建的民防工程，日常由人防部门负责维护管理。非公用民防工程平时由投资者使用管理，收益归投资者所有，由投资者或者使用单位按照有关规定负责维护管理，并接受人防部门的监督检查。

按照工程防护特性可分为甲类和乙类。甲类工程必须满足其预定的战时对核武器、常规武器和生化武器的各项防护要求。乙类工程必须满足其预定的战时对常规武器和生化武器的各项防护要求。

按照战时功能可分为指挥工程、医疗救护工程、防空专业队工程、人员掩蔽工程和配套工程。

2. 民防工程的分级

1）防核武器抗力级别

民防工程的抗力等级主要用以反映工程能够抵御核袭击能力的强弱，是根据防核爆炸冲击波地面超压大小划分的。一般的民防工程防核武器抗力级别为 5 级和 6 级。

2）防化级别

民防工程对军用毒剂、生物战剂和放射性气溶胶的防护，简称防化，根据工程的功能需要和技术与装备条件，防化共分为甲、乙、丙、丁四级。

3）防常规武器抗力级别

一般的民防工程防常规武器抗力级别为5级和6级。

3. 民防工程的组成

1）按照防护作用分

（1）围护结构。是能使建筑形成并能承载的构件或加固的围岩连成的组合体，民防工程中承受空气冲击波或土（岩）体中压缩波直接作用的顶板、墙体和底板的总称。

（2）防护层。由围护结构外围能起防护作用的岩土或其他材料所组成。按成因分为人工防护层和自然防护层。

（3）防护设备。民防工程中主要用来阻挡冲击波、毒剂等从孔口进入主体的设备，包括防护门、防护密闭门、密闭门、防爆波活门、滤毒器等。

（4）建筑设备。保障建筑有效空间达到预定环境标准所需的设备，也称内部设备，包括通风、空调、给水、排水、供电、照明等设备。大型民防工程中还建有柴油电站等。

（5）建筑装修。结构以外为了满足使用功能而增设的建筑配件和修饰物，如普通的门窗、隔断、地面墙面、照明灯具等。

2）按照有效空间的防护功能分

（1）口部。主体与地表面，或与其他地下建筑的连接部分。指最里面一道密闭门以外的部分（一般包括竖井、扩散室、防毒通道、密闭通道、洗消间、滤毒室和出入口最外一道防护门或防护密闭门以外的通道等）。

（2）战时主要出入口。通常设在战时排风口，主要包括防护密闭门以外的通道、竖井、扩散室、排风机房、防毒通道、洗消间（简易洗消间）等。

（3）次要出入口。通常设在战时进风口，主要包括防护密闭门以外的通道、竖井、扩散室、密闭通道、除尘室、滤毒室、进风机房等。

（4）主体。能满足战时防护及其主要功能要求的部分，是工程中满足人员、物资、装备等战时所需的防护和生存要求的部分。主体包括有防毒要求的主体和允许染毒主体。有防毒要求的主体，指最里面一道密闭门以内的部分。

4. 民防工程常用防护设备设施

1）人防门

人防门是民防工程出入口处非常重要的防护设施，其设置的正确与否直接影响着工程的防护密闭性。人防门分为防护门、防护密闭门和密闭门。防护门是指能阻挡冲击波，但不能阻挡毒剂进入的门。防护密闭门是指既能阻挡冲击波，又能阻挡毒剂进入的门；密闭门是指能阻挡毒剂，但不能阻挡冲击波进入的门。由于密闭门不承担冲击波压力，因此只能配置在防护密闭门后面。

2）防爆波活门

防爆波活门是工程进、排风口和排烟口设置的具有一定的抵抗冲击波并能削弱冲击波超压的一种防护设备，简称活门。

3）扩散室

扩散室设置在活门后面，是钢筋混凝土浇筑的矩形空间。其用途是进一步削弱冲击波剩余压力。

4）密闭通道

密闭通道是由防护密闭门与密闭门之间或两道密闭门之间构成的，并仅依靠密闭隔绝作用阻挡毒剂侵入室内的密闭空间。在室外染毒情况下，不允许人员出入。

5）防毒通道

防毒通道是由防护密闭门与密闭门之间或两道密闭门之间构成的，靠超压排风阻挡毒剂侵入室内的空间，具有通风换气的作用。在室外染毒情况下，允许人员出入。

6）洗消间

洗消间分简易洗消间和淋浴洗消间两种。简易洗消间是在防毒通道一侧设置的供染毒人员清除局部皮肤上或衣物上有害物的房间。淋浴洗消间是在防毒通道一侧设置的供染毒人员通过并清除全身有害物的房间，其通常由脱衣间、淋浴间和检查穿衣间组成。

7）通风系统

（1）进风系统。根据不同的通风方式由消波装置、密闭阀门、过滤吸收器、风机等防护通风设备组成。

（2）排风系统。根据不同情况由消波设施、密闭阀门、自动排气阀门或防爆超压自动排气活门等防护通风设备组成。

（3）通风方式。民防工程战时功能的通风方式包括清洁式、过滤式、隔绝式三种。

① 清洁式通风是指战时民防工程外空气未遭到敌人的放射性沾染、化学毒剂、生物战剂的污染，是清洁的状态下实施的通风。

② 过滤式通风是指战时民防工程外的空气被敌人的放射性沾染、化学毒剂、生物战剂污染时实施的通风。

③ 隔绝式通风是指将进风系统上的所有密闭阀门全部关闭，隔断民防工程空气的流通，仅使工程内部的空气实施内循环的一种防护通风方式。

4.1.2 民防工程建设风险防控

民防工程建设质量的优劣对战时的防护能力起决定作用，关乎人民群众的生命安全。做好民防工程建设过程中的风险防控，对确保民防工程的安全与质量、保证民防工程战时效能、形成有效的城市防护体系具有重大意义。近年来，上海市民防办秉持“战备为先、防空为要、质量为天、生命至上”的理念，不断强化民防工程建设各阶段的风险防控。

民防工程建设风险防控，主要是对民防工程规划审批、设计、施工、验收等建设过程中可能存在的风险因素进行识别，并基于此制定有针对性的风险防控措施，从而使民防工程的建设达到预期要求。

1. 民防工程建设的主要风险点

风险识别的主要目的是增进对风险的理解，辨识与分析建设过程中各阶段安全风险管理时可能发生的风险事件，为下一步的风险防控措施与方法提供支持。

1）民防工程规划审批阶段

城市防护是城市在组织经济和市民生活的功能之外的一项重要功能，而民防工程是城市防护的一个重要部分。城市民防工程规划是在一定时期内（城市规划期内）城市民防工程建设（新建和改造）发展的目标和计划，是民防工程建设的全面部署，也是民防工程建设的管理依据。民防工程规划未融入城市总体规划，特别是未与城市地下空间开发的规划保持同步，将会造成民防工程总量无法满足战时需容纳掩蔽人员的数量。民防工程规划布局不合理，如未按一定比例和点位设定战时功能为指挥、医疗救护、防空专业队、物资库、汽车库等民防工程，使得民防工程的建设不能协调发展，影响战时民防工程整体防护作用的发挥。此外，民防工程规划布局不合理，部分地区工程设置过于分散，导致互联互通难，不利于整体防护效率的提升。

2）民防工程设计阶段

民防工程设计阶段的风险点主要包括不满足人防主管部门提出的防护类别、抗力级别、战时功能、配建面积等要求，未按照民防工程相关设计规范中建筑、结构、采暖通风与空气调节、给排水、电气等专业提出的要求进行设计，使得设计的民防工程未能满足其预定的战时对核武器、常规武器和生化武器的各项防护要求等，给民防工程防护效能的有效发挥造成风险隐患。

3）民防工程施工阶段

民防工程施工阶段的风险问题主要有：

（1）基坑坍塌风险：基坑支护不规范；基坑施工方案未经论证，未采取有效的降排水措施；基坑超挖；基坑边堆土过高或堆放的建筑材料离基坑边缘太近；施工作业环境不安全；雨期施工措施不当等。

（2）模板支架坍塌风险：模板支架未按经论证评审通过的方案搭设，杆件规格、形式、构造、连接不符合规范要求等。

（3）人防门安装风险：人防门未由有相应资质的企业生产安装；人防门安装活动中未编制人防门安全专项施工方案，或者未按方案组织实施；人防门的安装施工过程不规范等。

4）民防工程竣工验收阶段

民防工程未按程序进行验收，现场实物与经审查通过的民防工程施工图不一致，工程质量不符合相关验收及评价标准要求，防护设备生产与安装质量未经检测或检测不合格等，均可能造成民防工程竣工阶段的风险，从而直接影响民防工程的竣工质量。

2. 民防工程建设安全风险防控

为确保民防工程建设的规模与质量，建立完备、有效的城市防空袭工程体系，应在有效识别民防工程建设各阶段风险点的基础上，采取有效措施进行防控。

1）规划审批阶段

为构筑适应超大城市发展需求的现代人民防空体系，有效防范现代空袭带来的危害，以城市规划牵引民防工程建设，上海市民防办将民防工程专业规划与国土空间规划、单元规划和其他专项规划配套衔接，从而确保民防工程的建设规模与各类民防工程的合理分布，使民防工程在战时有效发挥整体作用，降低空袭给城市带来的灾害。通过把民防工程建设自然地融入城市发展中去，把民防工程建设和经济发展结合起来，使民防工程建设紧跟城市的发展脚步，实现民防工程战备效益、社会效益和经济效益的统一，提升城市的整体防护水平。

同时，为解决项目建设地块间不同类型民防工程过于分散导致不能发挥规模效应、民防工程之间互联互通难等问题，上海民防部门在重点地区、重点项目中通过规划合理的区域或者公共用地，将周边多个配建指标较小或者高容积率地块的民防工程集合在一定范围内布局建设，实现民防工程互联互通、成片联网。通过民防工程的整体规划、统筹建设，一方面可以建立完善的区域性民防工程体系，增强区域的战时防护能力，通过不同类型的防护工程，形成组团式防护综合体，实现区域内民防工程体系的完善，进一步提高区域抗毁性能力；另一方面可以实现人防疏散地下连通网络，利用地下疏散通道与附近的民防工程相连通（接），形成区域防护网络体系，战时有利于减轻战争灾害，便于民众疏散，有效保护人民生命、财产安全，保证民防防护体系的整体性。

民防工程审批是民防工程建设规划落地的重要保证。上海市各级人防主管部门始终坚持民防工程审批工作严格遵循人民防空专业规划要求，贯彻“以建为主、应建必建”原则，杜绝违规“以缴代建”的行为。通过精细化的测算，优化民防工程应建面积的计算方法，将原有与工程埋深、地面建筑层数等相关的计算方式，调整为按项目地上建筑面积的固定比例计算应配建的民防工程建筑面积。这一举措，既方便了项目建设单位，又保证了民防工程的建设总量，大幅降低民防工程面积配建不足的风险隐患。

2）设计阶段

民防工程的设计质量是保证民防工程建设质量的基础保障。民防工程的设计必须符合国家现行民防工程的设计规范和标准，确保民防工程的防护类别、抗力级别、战时功能、配建面积符合人防主管部门所规定的要求。

对于民防工程设计阶段的风险防控，应包括以下六个方面：一是民防工程的防护单元划分、出入口设置、防护（密闭）设备选型及战时采取的防护技术措施符合有关规范标准要求；二是民防工程的结构抗力、密闭防毒、核辐射防护等方面设计和采取的技术措施符合有关规范要求；三是民防工程设备专业（通风、防化、给水排水、电气等）战时设计满足使用功能要求，采取的技术措施符合有关规范要求；四是设计中采用的工程平战转换技术措施能保证战时的防护安全；五是施工图设计达到设计深度规定；六是设计采用的工程建设标准和引用的其他标准正确、有效。

建筑设计风险防控主要包括：民防工程设置位置与生产、储存易燃易爆物品厂房、库房的距离符合规范要求；民防工程功能分区明确，交通组织合理，相互干扰少，布置紧凑，满足使用要求；民防工程划分的染毒区与清洁区符合规范要求；医疗救护工程、防空专业队工程、人员掩蔽工程和配套工程的防护单元和抗爆单元建筑面积符合规范要求；两相邻防护单元之间连通口的设置符合规范要求；民防工程防早期核辐射时，围护结构和临空墙的设计厚度满足规范要求；民防工程战时出入口的设置与数量符合规范要求；人防门的开启角度大于90°，且不影响民防工程的平时使用功能。

结构与防护设计风险防控主要包括：民防工程结构计算准确、分析合理，设计的截面尺寸、配筋等与计算结果相符；按照规范进行战时荷载组合作用下的承载力验算及平时使用条件下的基础设计；结构荷载的取值符合规范要求；结构构件承载力设计符合规范要求；结构各个部位抗力协调性设计符合规范要求；钢筋混凝土结构构件钢筋的选用符合规范要求；结构选用的材料强度等级符合规范要求；结构构件最小厚度符合规范要求；工程变形缝、沉降缝、后浇带的设置符合规范要求。

暖通与防化设计风险防控主要包括：每个防护单元的进、排风设计符合规范要求；战时通风防护指标符合规范要求；各种通风方式的送、排风量、主体超压漏风量、隔绝防护时间、二氧化碳浓度、超压排气活门选择等计算正确、全面，设备选型计算正确；冷、热、湿负荷、空气处理过程等分析处理正确；工程隔绝防护时间、隔绝防护时二氧化碳和氧气体积浓度符合规范要求；穿过民防工程围护结构的采暖管道、空调水管采取的防护密闭措施符合规范要求；设有滤毒通风的民防工程按照规范的规定设置测压装置。

给水排水设计风险防控主要包括：每个防护单元所设置的给水、排水系统符合规范要求；管道穿过民防工程围护结构时所采取的防护措施符合规范要求；民防工程上部建筑的生活污水管、雨水管、燃气管按照规范的规定，不得进入民防工程；战时人员用水量标准和储水时间符合规范要求；民防工程清洁区内设置的生活用水、饮用水储水池（箱）符合规范要求；有人员掩蔽功能的防护单元按照规范的规定设置战时储水池（箱）或其他储水容器；进入民防工程的给水管道上防护阀门的设置及安装符合规范要求；民防工程的排水管管材符合规范要求；洗消用水量、洗消部位符合规范要求；柴油发电机房输油管的敷设及防护措施符合规范要求。

电气设计风险防控主要包括：负荷统计、负荷分级正确；变压器、柴油发电机组按照计算结果进行分析后选用；开关整定计算和选用符合规范要求；供电系统设计符合规范要求；战时用电设备各等级负荷的供电电源符合规范要求；电力系统电源和柴油发电机组运行关系符合规范要求；每个防护单元的配电符合规范要求；各种动力配电箱、照明箱、控制箱的设置符合规范要求；穿过围护结构、临空墙、防护密隔墙和密闭隔墙的各种电缆管线和预留备用管的防护措施符合规范要求；安装的变压器、断路器、电容器等高、低压电器设备符合规范规定，采用无油、防潮设备；清洁式、滤毒式、隔绝式三种通风方式信号装置的设置符合规范要求。

民防工程施工图设计文件实行审查制度。新建、改建、扩建和加固改造的民防工程，其施工图设计文件必须按照国家规定进行审查，经审查通过的方可进行施工。为贯彻落实国务院、上海市有关工程建设项目审批制度改革的要求，上海自 2018 年起将民防建设工程的施工图设计文件审查纳入“多图联审”范围，由经认定的社会化审查机构进行统一审查。同时，为做好这项“放管服”改革工作，上海市民防办出台《上海市人民防空地下室施工图技术性专项审查指引》《上海市民防建设工程施工图设计和审查质量检查工作细则》《上海市民防工程平战功能转换技术标准》等文件、标准，进一步细化明确有关要求，提升事前服务水平，强化事中事后监管，降低民防工程设计阶段的风险，确保民防工程的设计质量。

3）民防工程施工阶段

（1）安全风险主要防控措施

在民防工程施工过程中，参建各方应建立全员岗位安全生产责任制，建立岗位安全绩效考核，落实岗位安全责任，严防岗位安全责任事故。组建现场项目管理机构，建立在建设单位统一管理下的安全体系，明确组织架构。按工程规模和投标承诺，配备现场项目管理班子，确定项目管理机构管理岗位人员，包括项目经理、现场施工负责人、技术负责人、施工员、质量员、安全员、资料员等。编制施工组织设计，内容应包括编制依据、工程概况、施工部署、施工准备、施工现场布置、施工进度计划及工期保证措施、主要分部分项工程施工方案及措施、重点与特殊部位施工措施和方法、施工组织管理、质量保证措施、安全生产保证措施、文明施工及环境保护措施、应急预案等。

民防工程施工阶段的风险点主要包括基坑工程、模板支架和人防门安装等。做好这些风险点的防控，能有效降低民防工程施工阶段的安全风险。

基坑工程施工安全风险防控主要包括：基坑开挖前的勘察内容，基坑土方开挖与回填安全技术措施，基坑开挖的监控，地下水控制，基坑施工的安全应急措施等。预防基坑坍塌的措施包括选择合理的基坑支护结构形式，加强对土方开挖的监控，加强对支护结构施工质量的监督，加强对地表水的控制，做好支护结构的现场监测等。基坑围护专项施工方案应单独编制并按程序审核通过。

模板支架施工安全风险防控主要包括：构配件质量管理，模板支撑体系选择，专项施工方案编制与论证管理，搭设、使用、验收与拆除安全管理，监督管理等；模板支架方案应单独编制并按程序审核通过；施工过程中，应进行安全技术交底，钢管、扣件等材料的进场检验；严格按照模板支架专项施工方案进行承重支撑体系地基处理、立杆搭接、扫地杆设置、垂直纵横向及水平剪刀撑的设置等；模板支架搭设完成后应按程序进行验收，施工及使用过程中加强检查，使用完毕后按照方案进行拆除。

人防门安装安全风险防控主要包括：人防门安装应编制施工组织设计和专项施工方案，建立人防门安装项目管理机构，明确岗位安全职责；项目经理或现场安装负责人、专职安全员应分别取得安全资格证书，电焊、电工、起重司机、指挥和司索等特种工种作业人员必须取得相应的资格证书，并按要求参加安全培训；人防门生产安装企业配备的安装设施设备，包括手拉葫芦等起重设备（包括吊环、钢丝绳）、手动托盘搬运车、千斤顶、电箱、线缆、电焊机、砂轮机、照明工具等均必须符合国家有关质量安全技术标准，并做好维护保养工作；人防门生产安装企业应按规范要求，对产品进行必要的检测，强化自检、互检和企业质量管理部门检测，质量合格后方可进入下一道工序，并且出厂前要再全面检查，同时应做好外购配件的质量把控，收集相关技术证明文件，作为出厂合格证颁发的重要依据；安装人员应按照相关管理制度、操作规范规程、施工组织设计和有关安全专项施工方案进行安装施工作业，起吊时不能在地上拖拉人防门，以防造成门框和下端钢筋弯曲变形，门扇安装后，必须检查连接质量（各螺栓是否紧固牢靠等），只有确认连接安全可靠后才能松钩或拆除固定工具；人防门安装企业应成立以项目经理（现场安装负责人）为组长的应急救援指挥领导小组，根据工程风险，对可能发生的安全事故编制相应应急预案，并定期针对应急预案对项目管理人员进行培训教育，组织预案演练。

(2) 质量风险防控措施

民防工程底板施工风险防控措施主要包括:钢筋及墙板插筋施工完毕后,底板中的预埋件应安装到位;人防门的门框插筋及门槛钢筋应在底板浇捣混凝土前按设计施工图及规范要求成型绑扎,防护密闭门的门槛箍筋应该闭口,在箍筋转角处应绑扎水平钢筋,水平钢筋应锚固到门框墙中,并与门框墙插筋绑扎牢固;悬板活门、胶管活门的门槛箍筋应闭口,箍筋应拉住底板的下层钢筋。底板施工时应预埋给排水的管件,在防毒通道、密闭通道、洗消间、简易洗消间、扩散室、活门室、滤毒室等染毒区应设置洗消排水管及口部洗消污水集水坑,排水管引入单设的洗消污水集水井;民防工程内的污废水(战时水箱、内部清洗等产生)如需排入人防区外集水井时,排水地漏应采用防爆地漏,防爆地漏应在底板钢筋绑扎阶段一次预埋到位,直接预埋在混凝土中,不得预留空间、木盒或塑料套管等。

民防工程墙板施工风险防控措施主要包括:人防门门框在墙体土建施工时应安装到位,门框边箍筋应闭口并锚入边墙;当人防门、悬板活门、胶管活门等门框嵌入墙体时,门框墙箍筋要闭口,且放在竖向或水平钢筋的外侧;人防门的门框角钢预埋的位置方向应准确;供战时使用的风管,应在人防出入口部的临空墙、密闭隔墙上预埋密闭短管;人防口部进、排风管道穿临空墙、密闭墙时应预埋通风穿墙密闭短管,通风穿墙密闭短管处墙体开孔处钢筋须做加固处理;所有进、出民防工程的管道及其穿过有防护、密闭要求的墙体处,均应采取防护密闭措施;穿过围护结构、临空墙、防护密闭隔墙、密闭隔墙的各种电气管线和预留用管,应分别做好防护密闭和密闭处理;呼唤按钮要设置在战时排风口部防护密闭门外的墙体上,并将产品直接预埋在混凝土墙内;人防门门框墙上应预埋防护密闭电气备用管等。

民防工程顶板施工风险防控措施主要包括:临空墙外侧钢筋应伸到顶板上层钢筋后再向防护区内锚固;当外墙与顶板为固接时,外墙外侧钢筋应伸到顶板上层钢筋后再水平锚固与顶板钢筋搭接,当外墙与顶板为铰接时,顶板的上层钢筋应伸到外墙外侧再向下锚固;人防门的门扇吊钩应钩住顶板上层钢筋;设于防护密闭门前通道的超压测压管应采用直接预埋的方式预埋于顶板钢筋中;民防工程作为人员掩蔽部时,应设置超压测压管,采用直接预埋的方式预埋于顶板混凝土内,室内端应设在防化通信值班室内,室外端应设在防护密闭门外或扩散室、活门室外的通道处,直接和大气相通。

民防工程主体结构风险防控措施主要包括:各结构构件必须浇筑严实,无渗水现象;主体结构验收时墙顶板模板应全部拆除,工程内建筑垃圾清理干净;工程内保持干燥;测压管、密闭盒、呼唤按钮、临战封堵等预埋件,应做好防腐、防锈处理,涂刷防锈漆前基底均应清除干净;工程内安装满足检查需要的临时照明设施。

人防门安装风险防控措施主要包括:人防门框安装施工应根据设备的不同特点、设计要求和施工组织设计进行;在安装施工中,对隐蔽工程应做好记录,并应进行中间或分项检验,合格后方可进入下一步工序的施工；人防门门框立框完成后，其垂直度、标高等调试达到精度要求后，应用钢支撑体系固定牢靠；人防门门框安装固定完成后，应进行立框隐蔽检查验收，验收内容包括：门框的类别、规格、型号，安装轴线、位置标高、安装方向和开向，闭锁盒，锚固钩，支撑体系，门框安全接地，门框垂直度偏差等；人防门门扇安装施工主要包括人防门扇吊装、调试及油漆施工；人防门门扇吊装应在人防防护段混凝土结构施工完成后进行；当人防防护段混凝土结构存在严重质量缺陷时，应在整修合格后进行人防门扇吊装；人防门扇安装完成后，应在门扇下方用木楔垫实，固定牢靠，以防门扇自由活动伤人和门扇下垂；安装的密封胶条应固定牢靠，门扇关闭后，门扇应与门框贴合均匀；人防门扇安装完成后，应先进行初步调试、铰页机构调试、闭锁机构调试、门扇调试和综合调试等；人防门门扇所有外露金属表面除锈后，应刷油漆，漆膜应表面均匀、光滑，不得有漏漆、褶皱等现象，油漆施工时不应污染密封胶条、胶板和胶块等。

4）民防工程竣工验收阶段

民防工程竣工验收时，应完成工程设计和合同约定的各项内容，达到竣工标准，并有完整的工程项目建设全过程档案资料。此阶段风险防控措施主要包括如下内容。

土建结构与防护设备风险防控措施主要包括：底板、墙面、顶板不得有渗漏、开裂等质量缺陷；人防门安装质量应符合要求，如门扇调试、门轴处轴承安装、橡胶密封条粘贴牢靠等；密封条安装接头应满足规范要求，密封条不得沾染污物，可用滑石粉保护，但不得涂抹油漆、黄油等；防爆波悬摆活门门扇开启方向、位置应准确，活门门扇关闭后与门框应贴合紧密，并与水平面垂直，闭锁、铰页机构应灵活可靠，底板与胶板粘贴应牢固、平整，悬板关闭后底座胶垫贴合应严密，悬板应启闭灵活，能自动开启到限位座，且开口朝下。

暖通与防化通风与空调风险防控措施主要包括：清洁式通风、滤毒式通风系统应按施工图安装密闭阀门；在滤尘器进出风口处均应设置测压管，并且在连接管路上设置测量气体浓度的取样管；自动排气活门、(防爆)超压排气活门安装时必须保证穿墙管法兰面与地面垂直，重锤位于最低处，轴线视线上的杠杆垂直，(防爆)超压排气活门内挡圈位置正确，不能倒装；防爆超压排气活门、自动排气活门安装应保证活门开启方向必须朝向排气方向，活门启闭灵活，关闭后阀盘与密封圈贴合紧密；油网除尘器、过滤吸收器的安装方向必须正确，即设备所标识的箭头方向应与气流方向一致；滤毒通风和清洁通风共用一台风机时，必须设增压管，并在增压管上设球阀，不应使用闸阀；焊接风管与手动密闭阀门、过滤吸收器、油网除尘器、防爆超压排气活门、自动排气活门等设备连接时连接法兰应采用带有密封槽的机制法兰；通风密闭阀门安装时应保证标志压力通径的箭头与受冲击波方向一致。

给排水风险防控措施主要包括：给排水、消火栓、喷淋等管道中“防护阀门”应选用阀芯为不锈钢或铜材质的闸阀或截止阀，选用的压力应符合管道的设计压力值；防爆波地漏漏盖及防爆清扫口应采用耐腐蚀的不锈钢和铜制作，安装高度应低于地面，防爆波地漏应清除其内部杂物，保证启闭灵活并做好保养工作；给水、排水管道穿过临空墙、防护单元隔墙时，应设置抗力片（挡板）。

电气风险防控措施主要包括：密闭盒应填充密封材料，密封的钢板厚度应符合规范要求；电缆穿过临空墙和密闭墙中的套管后，电缆和套管的缝隙应填充密封材料，电缆套管应设置抗力片。穿越有防护、密闭要求的墙体、板处的电气管线应进行防护密闭或密闭处理。

5）安全质量监督

（1）监督主要流程

民防工程的监督流程主要包括：首次会议监督，施工过程监督（抽查、巡查），主体结构验收监督，综合竣工验收监督。通过民防安全质量监督部门的安全质量监督，进一步压实民防工程参建各方的主体责任，降低工程建设过程中的安全风险。

首次会议时，民防安全质量监督部门在现场对相关文件进行审核，并对工程现场安全质量保证体系进行核查。参建单位须按照各自的安全管理职责要求做好民防建设工程安全管理工作，确保民防建设工程安全受控。工程参建单位应在首次监督会议时将民防区域的施工计划报与监督人员，施工计划应包含各分段施工区域的挖土（单建式工程）、桩基验收（单建式工程）、底板、墙板、顶板、主体结构、吊顶、粉刷装饰、机电安装、竣工阶段等重要节点的大致施工时间。民防建设工程中采用的防护设备设施应按照检测管理办法等规定的要求进行检测。

对于底板、墙板、顶板隐蔽施工阶段的监督检查采取抽查、巡查的方式，检查频率根据分类监管原则确定。现场要求钢筋绑扎完毕，预埋管件安装到位，不得进行封闭模板或混凝土浇筑。

在主体结构分部工程验收的现场，墙、顶的模板已拆除，工程内的建筑垃圾已清理，室内保持干燥，预埋管件已做好防锈处理，工程内安装有满足检查需要的临时照明设施，不得进行任何形式的混凝土修补、粉刷及管道设备安装等。

综合竣工验收时，需完成工程设计和合同约定的各项内容，建设单位组织的竣工验收已完成，民防工程防护设备质量检测合格。

（2）信息化监督手段

近年来，上海民防安全质量监督部门积极引入信息化手段加强对民防工程施工过程的安全质量监督，开发的上海市民防工程 BIM 信息管理平台安质监系统实现了民防建设工程的质量监督手续办理、制定监督任务、现场监督记录、行政处置、综合竣工验收以及数据统计等功能（图 4-1）。

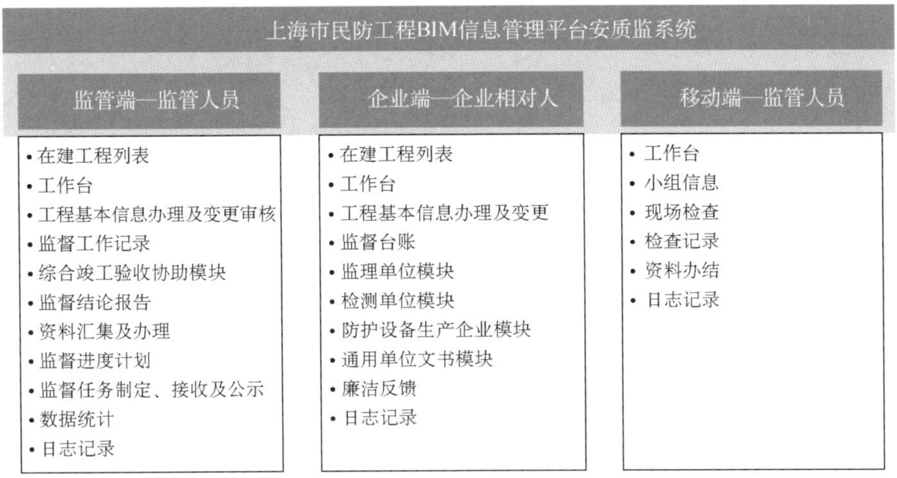

图 4-1 上海市民防工程 BIM 信息管理平台安质监系统

该系统充分运用信息化新技术，围绕民防工程建设安全风险领域，坚持管用与实用的原则，加强民防工程安全质量监督数据的汇聚、集成共享，完善信息反馈、处置和督查机制，提高发现、反馈和处置在建民防工程安全质量事件的能力，实现民防工程管理的信息化、标准化、精细化和动态化。

6）工程检测

防护设备生产与安装质量直接影响民防工程战时掩蔽人员的生命安全，采用专业的技术手段检验防护设备、设施质量至关重要。做好民防工程防护设备质量检测是做好民防工程安全质量风险防控的重要手段。

民防工程防护设备质量检测，是指民防工程防护设备检测机构接受委托，依据有关法律法规、质量检验检测规定及工程验收技术标准等，对民防工程防护设备质量进行检测，并出具检测报告和承担相应法律责任的活动。民防工程防护设备质量检测分为防护设备生产质量检测、防护设备安装质量检测和民防工程防护性能检测。

民防工程防护设备生产质量检测，是指防护设备产品在安装前进行的质量检测，包括防护设备关键原材料检测、安装前的产品质量检测。防护设备企业应对防护设备关键原材料实施检测，关键原材料包括钢板、型钢、钢筋、混凝土、密封橡胶条、外协件等，原材料检测项目应包含外形尺寸、力学性能等。防护设备产品进场后应进行人防门类如手动钢结构门、钢筋混凝土门、防爆波活门等防护设备生产质量的现场检测，检测项目主要包含外形尺寸、门扇厚度偏差、焊缝质量、混凝土强度等。阀门类如密闭阀门、排气活门、防爆地漏等防护设备生产质量实行见证取样现场抽检或送检，检测项目主要包含外形尺寸、密闭性能等。

民防工程防护设备安装质量检测，是指民防工程施工及竣工阶段进行的质量检测，包括防护设备企业自检及建设单位委托检测机构对防护设备安装质量进行的检测。安装质量的检测项目主要包含配合尺寸、门框垂直度、门扇启闭力、关锁操纵力等。

民防工程防护性能检测，是指对包括工程气密性、通风系统及工程主体结构性能进行的检测。工程气密性检测包括工程主体气密性检测及工程局部(工程口部、密闭通道)气密性检测。民防工程通风系统检测项目包含清洁风量、防护密闭段通风管道厚度、防护段通风管道气密性、油网滤尘器水平度和垂直度、过滤吸收器垂直度、风机振动速度、超压排气活门平衡锤杆铅垂度等内容。工程主体结构性能检测指对防护单元内人防门门框墙混凝土强度检测等内容。

为加强民防工程防护设备的检测工作，上海市民防办出台了《上海市民防工程防护设备质量检测管理办法》等制度文件。并在此基础上，联合上海市市场监管局共同开展“双随机一公开”监督检查，以及检测机构能力盲样考核等工作，建立了联合发文、联合实施、联合通报、联合惩戒的工作机制，从资质管理和专业监管两端发力、齐抓共管，共同推进提升上海市民防工程防护设备的检测质量。

4.1.3　民防工程使用风险防控

自20世纪60年代起，我国开始建设民防工程，这一阶段建设的民防工程主要用于战时防空，与城市建设的融合度不高。进入80年代，随着国家民防工程建设与管理的方针、政策、规定的调整，民防工程建设与城市建设融合度的加大，民防工程的建设得到进一步发展。21世纪以来，伴随国家经济的快速发展、房地产建设规模的壮大，民防工程的建设数量与规模得到长足发展。目前上海已有大量的民防工程投入使用，在确保战备效益的同时，发挥了重要的社会效益、经济效益。与此同时，民防工程使用过程中的各类风险隐患不容忽视，直接关系到民防工程平时的安全使用以及战时防护效能的持续保持。因此，必须对其采取有针对性的风险防控措施。

1. 民防工程使用主要风险点

民防工程使用的主要风险点包括结构损坏、火灾、水淹、踩踏、电气事故、防护功能丧失等。

1）结构损坏

民防工程，尤其是一些早期建设的民防工程，因建造的水平与标准较低、长期使用过程中又遭受周边环境的影响与侵蚀等，易产生结构表面侵蚀、疏松、脱落、掉角，裂缝渗水、钢筋锈蚀、结构开裂等问题，甚至造成民防工程结构坍塌，进而引发地面建筑、路面坍塌等重大安全事故。此外，民防工程的变形缝因其两边结构的差异沉降，使止水带破损，地下水从变形缝处渗漏等原因，造成民防工程内部积水。

2）火灾

民防工程处于地下相对封闭的环境，一旦发生火灾极易在工程内部快速蔓延，同时火灾产生的烟气在工程内部密布，而人员难以及时逃生。此外，违规堵塞安全疏散通道、出入口，遮挡安全疏散标志等，易造成火灾后人员无法及时疏散从而引发窒息烧伤等重大安全事故。

3）水淹

民防工程位于地下，在汛期，一旦地面积水深度超过民防工程出入口的驼峰（台阶）或者挡水板（沙袋）等的高度，引发雨水倒灌、积水，易造成人员伤亡、财产和设备的巨大损失。

4）踩踏

相比地面建筑，民防工程处于地下，缺乏易于识别的标志物，加之照明、采光不足，会使内部人员在紧急逃生疏散时迷失方向。此外，限于民防工程战时防护密闭的要求，其通道的疏散宽度受到限制，一旦工程内部发生事故，大量人员突发地集中外撤，易引发群体性踩踏事件。

5）电气事故

民防工程内部环境潮湿，容易引发电气线路接触不良、短路、人员触电等事故。此外，当需要增大用电设备容量或新增用电设备时，未对线路的额定电流、电阻进行校核，违规接线，易造成电器、线路超负荷运行，使线路过热，破坏其绝缘造成短路。若周边有易燃物品，还将导致火灾事故等次生灾害的发生。

6）防护功能丧失

民防工程若不定期按规定进行维护，人防门则会产生破损、密封条脱落、门扇变形、活门槛及闭锁等重要零件缺失，临战封堵框、通风管道等会产生锈蚀等问题。此外，在民防工程临空墙、密闭隔墙、门框墙、顶板上随意穿孔打洞，也会破坏人防围护结构影响整体的密闭性能。更有甚者，有单位为增设机动车停车位等需要，擅自拆除人防门。上述问题都将导致民防工程防护功能丧失，造成民防工程在战时不能发挥应有的防护效能。

2. 民防工程使用安全风险防控

在用民防工程具有规模体量大、建设时期跨度大等特点，既要站在全局角度通盘考虑降低在用民防工程的安全风险，同时也需要就每个民防工程单体做好相关安全风险防控工作，通过点面结合的防控措施，有效降低在用民防工程的安全风险。在用民防工程主要安全风险防控措施如下：

1）开展普查鉴定，建立数字化档案库

定期组织开展民防工程普查鉴定。通过普查，全面厘清工程现状，掌握基本信息以及防护设备设施完好情况。普查的信息包括民防工程的基础信息、主要设备信息、竣工备案信息、使用业态信息、平战转换信息、工程完好情况等。

采集的数据与成果按照“本级自检”“逐级审核”与“综合性审核”的方式实行全过程质量控制，确保普查鉴定成果的科学性、客观性和完整性。同时依靠信息化手段采集信息，及时更新至“上海市民防工程综合信息管理系统”，便于数据的统计、分析与查询。

此外，对于每一个民防工程的基本情况及设计图纸等有关资料，分门别类、立卷归档，为平时和战时使用提供完备的技术资料。归档的资料包括项目立项审批、设计阶段、施工阶段、竣工阶段中的关键性文件，防护设备的有关信息、平战转换预案、维修养护手册以及工程总平面、建筑、结构、暖通、给排水、电气等专业的竣工图纸。在纸质归档的同时，依托“上海市民防工程档案数字化管理系统”，对全市所有民防工程档案进行扫描、录入，建立完整的上海市民防工程档案数据库。

2）依照技术标准，开展风险等级评估

依照在用民防工程的实际情况开展安全风险评估。评估的主要步骤主要包括基础资料收集、现场调查、风险辨识、风险分析与评价、形成风险评估报告。

收集的基础资料主要包括工程地址、水文地质、自然环境及社会环境等资料；周边建（构）筑物（含地下管线、民防设施、道路等）资料；邻近的既有轨道交通及其他地下工程等资料；工程历史情况，包括施工、维修、加固、改造、用途变更、使用条件改变以及受灾情况等；安全管理规章制度、安全培训、应急预案和应急救援演练等资料；类似工程的安全管理、风险事故、风险应对措施等资料。

现场调查的主要内容包括使用业态、工程类型、地理位置、建筑面积等因素；周边环境、结构完损状况、设备设施完备性及运行情况；管理单位和使用单位的安全管理状况等。

风险识别应包括风险因素分析、建立识别清单和确定风险事件。风险因素分析应在资料收集、现场调查及专家咨询的基础上，对工程自身和周边环境中存在的各种风险因素进行分析，主要包括周边环境、工程结构、设备设施和安全管控措施等。

依照《危险房屋鉴定标准》《地下工程防水技术规范》《建筑结构检测技术标准》等技术标准对工程结构进行风险评估。

依照《建筑设计防火规范》《火灾自动报警系统设计规范》《自动喷水灭火系统设计规范》《消防给水及消火栓系统技术规范》《建筑防烟排烟系统技术规程》和《建筑灭火器配置设计规范》等技术标准对工程消防机电设施进行风险评估。

依照《人民防空工程设计规范》《上海市地下空间安全使用检查规范》《供配电系统设计规范》《人防工程平时使用环境卫生要求》《人民防空工程维护管理技术规程》等对工程的防汛防台、供电、紧急疏散通道及安全出口、防护设备设施、安全管理规章制度、应急预案和演练状况等进行风险评估。

在对民防工程周边环境、结构、设备设施和安全管控措施等各项风险因素进行评估后，形成风险辨识结果，采用定性、综合分析或定量方法进行风险分析与评价，确定民防工程的风险等级，一般可划分为高、中、低三个风险等级。“高”为该风险具有现实威胁或触发条件低，易引发重大、特别重大突发事件；“中”为该风险难控制或者有不确定性，可能引发较大突发事件；“低”为该风险具有一定的可控性，但在一定条件下，可能引发一般突发事件。

最终形成风险评估报告，给出风险清单，以及风险防控的具体应对策略和措施建议。民防工程的使用和管理单位根据评估结果，以落实组织措施、管理措施、技术措施为基础，加强日常及应急管理，采取有效的预防和控制。同时对于检查中发现的问题要及时完成整改，防止“旧病复发”，梳理出所属工程的安全监控重点，制定相应的管理措施，建立长效管控机制。

3）制定维管规程，建立使用负面清单

为加强民防工程平战使用管理，确保民防工程平时使用以及持续保持防护功能作用，根据《中华人民共和国人民防空法》《上海市民防条例》等法律法规和《人民防空工程维护管理技术规程》等，结合上海实际情况，制定《上海市民防工程维护管理技术规程》。规程对民防工程维护管理提出具体要求：工程结构完好；工程内部整洁，无渗漏水；空气和饮用水符合国家有关卫生标准；防护密闭设备、设施性能良好；风、水、电、暖、信息等系统工作正常；金属、木质部件无锈蚀损坏；进出口道路畅通，孔口伪装及地面附属设施完好；防汛设施安全可靠；平战结合的民防工程，对预留的项目应定期检查和维护，保证完好，能在规定的转换时限达到防护标准的要求；平时不使用的机电设备和滤毒设备，应定期检查和保养，确保使用性能。

在土建结构方面主要规定：民防工程出入口的室内地面标高应高出口外地坪 300 mm 以上，并应保持 3%及以上排水坡度，以防雨水倒灌；通风采光窗、竖井、排烟竖井等各种外露孔口的挡雨盖板（帽）应保持完好，废弃的外露孔口应及时采取防护封闭措施；民防工程出入口及 5 m 范围之内不得修建临时设施、堆放各种物资器材，以防倒塌，影响口部通畅。孔口 100 m 范围内，不应堆放、储藏可能产生有害气体的贮罐或物品；结构局部损坏如围护构件、顶板、梁、柱、基础等出现结构裂缝、局部损伤等情况影响使用时，应及时维修加固；民防工程附近的新建工程，在施工期间应采取有效措施保证民防工程安全，防止民防工程结构出现沉陷、裂缝等现象；若发现民防工程结构出现沉陷、裂缝等现象，应立即停止施工，待做好民防工程的保护加固措施后方可继续施工；不得任意改变民防工程内部的承重结构、口部、防护设备等。

在防护密闭与防水堵漏方面主要规定：与民防工程无关的管道不得穿过民防围护结构；进入民防工程的管道及其穿过的民防围护结构，均应采取防护密闭措施，并按照民防工程设计规范要求落实；在有防护密闭要求的门框墙、临空墙、隔墙上不得任意凿开墙体。若需改造，必须进行施工图设计，按规定审图并同意后施工，并做好防护密闭处理；严禁敲打密闭段的各种预埋穿墙管，若发现穿墙管周围与墙面有裂缝、管孔的封堵堵头松动或掉落，应及时进行处理，以保持密闭性能可靠；经常检查外穿墙管孔，防止穿墙管与墙体接触部位松动、开裂，导致工程渗漏。因穿墙管损坏引起民防工程漏水，必须及时修理或更换；更换穿墙管时，应在穿墙套管上焊接翼环，穿墙管与墙体间可用膨胀水泥砂浆或细石混凝土、各类油膏或胶泥、柔性防水材料等填塞密实，以防渗漏；废弃的穿墙管应及时封闭孔洞，做好防水密闭处理。

在建筑装修方面主要规定：民防工程内部装修应符合现行的《建筑内部装修设计防火规范》《建筑设计防火规范》等技术标准；民防工程的顶板不应抹灰，若设置吊顶，应采用轻质、坚固的龙骨，吊顶饰面材料应方便拆卸；有洗消要求的房间和通道的建筑装修应保持表面平整、光洁、棱角圆滑，便于冲洗；民防工程内部装修或维修不得破坏承重结构、有防护密闭要求的墙体，严禁在顶板、底板、围护墙上开洞、钻孔；民防工程内部装修材料应满足防火和环保要求，不得使用易燃和燃烧后会产生有毒有害气体的材料。

在防护设备设施方面主要规定：人防门每年应至少进行 1 次全面维修保养，若发现门框与墙体部位出现松动、开裂等情况，应及时修补处理；人防门长期处于开启或关闭状态时，应用千斤顶支撑或用强度可靠的垫块垫托门扇下部，以防门轴长期局部受力产生疲劳下垂变形。若发现变形，应及时进行调整；人防门若遭外力撞击导致保护层局部破坏，应用高强度等级水泥砂浆修补；人防门的闭锁、铰页应定期注油保养；人防门密封胶条应保持清洁，脱落、老化的应及时粘贴或更换；穿墙套管中的密封材料，若因老化、收缩而失效，应清除原密封材料，重新做密封处理。

在水、电、风系统方面主要规定：应定期对过滤吸收器的连接管进行擦拭、除锈、补漆，更换锈蚀的螺钉、螺母和其他连接件，更换老化的橡胶垫圈和橡胶软接头；战时滤毒通风管路上的两道密闭阀门应处于关闭状态，不得随意打开；定期开关密闭阀门，检查手柄、阀板等部件的关闭和开启情况，若运行时有异常噪声、开关不灵活等应及时维修；手(电)动两用密闭阀门除手动操作外，还应实施电动运行操作，以便检查阀门能否正常电动开、关到位，有无异常杂音，发现问题应及时修复或更换；定期检查超压排气阀的完整性，其外壳、活盘、杠杆、重锤、绊闩等部件不得缺失，有缺失时及时修补，有松动及时紧固；在工程口部设置的冲洗阀，应保证阀门开关灵活。平时处于关闭状态，不漏水，无锈蚀，与胶皮管连接的零件完备无损；油泵、深井潜水泵和手摇泵出现故障应及时排除。电动机故障，水泵叶轮、机械密封损坏，应维修、更换；火灾自动报警、自动喷水灭火、防烟排烟等消防系统，必须达到国家有关消防技术标准的规定；民防工程内部不准存放和带入易燃、易爆物品，严禁使用液化气；生产经营场所无“三合一”(住宿、生产、仓储)、“四合一”(宿舍、车间、仓库、办公室)现象。

此外,上海市民防办建立工程使用负面清单制度,进一步从源头把控,降低使用风险。如规定所有公用民防工程禁止开设易产生噪音、污染的生产加工、维修服务项目;禁止开设商品批发、集散市场项目;禁止开设明火类加热烹饪项目;禁止开设宠物诊疗、寄养、互动类项目;禁止人员住宿;禁止存放生鲜、水果及其他易腐烂散发有害气体和粉尘的物品。对于位于居民区的公用民防工程禁止开设经营性餐饮类服务项目;禁止开设营利性教育培训项目;禁止开设营利性娱乐活动项目;禁止开设易产生油烟、异味、废气、噪音类服务项目;禁止开设各类需由大型车辆出入居民区的仓储类项目。对于建筑面积小于 300 m^2 的公用民防工程禁止开设餐饮类经营服务项目;禁止开设儿童游乐活动项目;禁止开设游戏厅、网吧项目;禁止开设商场、超市项目。

4) 细化检查标准,规范日常检查工作

为进一步加强民防工程日常检查工作,上海市民防办制定《民防工程安全管理工作导则》等民防工程日常检查工作相关规范标准,进一步细化要求,通过规范和标准化的检查进一步减少民防工程的使用安全风险。民防工程的使用单位负责人对民防工程使用过程中的安全总负责,负责组织对民防工程的日常检查工作。民防各级管理部门按照职责范围对其进行监督检查。

民防工程日常检查的内容分为制度文件检查和设备设施检查。制度文件检查的重点包括工程图纸、平面图、标识、维护管理手册等资料,以及安全责任书、安全检查登记、值班备勤登记、安全教育培训登记、消防设施操作员等特殊岗位资格证、消防及防汛防台应急预案、平战转换预案等制度文件。设备设施检查的重点包括土建结构、孔口防护设备设施、通风设备设施、给排水设备设施、供电照明设备设施、消防设备设施、防汛设备设施等。

民防工程的日常检查人员应具备民防工程建设及管理专业基础知识,了解消防、防汛、安全生产等相关行业安全管理要求。民防工程管理人员应每年至少参加 1 次以上的业务知识培训。培训的内容主要包括民防工程管理政策法规、维护管理知识、日常安全管理知识、标准化管理知识等。

检查人员在检查前,应制订检查计划,明确检查重点,准备好格式化的检查记录。在检查时应携带检查所需的必要工具,做到认真细致、不遗漏检查项目。对长期空关、内部可能存在有毒有害气体的工程,应对工程内部的氧气、可燃气体、有毒气体进行检测,确保安全的前提下方可进入工程内部进行检查。

5) 运用“网格化”管理,实现民防“一网统管”

为进一步提升民防工程使用安全风险防控水平,明确监管责任人,上海市民防办引入“网格化”管理的方法加强对民防工程的安全检查,实现民防工程精细化、动态化、智能化的管理要求。依照网格划分，由人防部门委派网格监督员对所负责网格内的民防工程部件和事件进行巡查、检查，将发现的问题通过民防工程网格化管理系统传送至处置部门予以处置，并对处置情况实施监督和考评。

民防工程部件包括人防门、超压排气阀、防爆波活门、人防风机、集水井、防汛器材、给排水设施、灭火设备、烟感报警器、火灾控制设备等与民防工程运行管理相关的公共设施、设备。事件是指向民防工程内排放废水、废气、倾倒废弃物；擅自封堵民防工程口部、填埋民防工程、故意损坏或拆除民防设施设备；非法占用或入侵民防工程；破坏民防工程结构、影响民防工程防护功能，以及在民防工程使用管理中存在安全隐患的状态、行为。

通过市、区两级民防工程网格化管理系统平台，对部件、事件的问题、处理、分派以及处置情况进行录入和监管。市级平台和各区级分平台数据互联互通，并对数据进行统计、汇总、分析。

民防工程"网格化"管理分为巡查和检查两种方式。巡查是市民防办相关部门对全市范围内在用民防工程进行巡查；检查由区民防办对其管辖范围内的民防工程进行检查。巡查建立发现立案、案件分派、处置反馈、核查结案等环节的闭环管理流程。检查建立发现问题、立案派单、处置反馈、核查结案等环节的闭环管理流程。

检查人员对于巡查、检查中发现的问题，通过拍照或者摄像等方式，按照响应时间要求将相关信息按工程管理权限予以立案并录入民防工程网格化系统。对于巡查、检查中发现的能够当场处理的轻微问题，网格监督员当场处理，并在规定的反馈时间内将处理信息报送民防工程网格化系统。对于非轻微问题的案件，根据案件内容和职责分工，在规定的时限内通过网格平台将案件分派至案件所在区民防管理部门。区民防管理部门在规定时限内完成案件处置工作，并将处置结果反馈至系统，形成闭环。

在民防工程"网格化"管理的基础上，上海民防紧紧围绕本市"一网统管"有关部署要求，对标适应超大城市发展需求的现代民防治理体系需要，按照"围绕民防安全风险领域，前移风险管理端口，强化全环节排查风险、全周期安全监管和智能化综合指挥功能"要求，积极将在用民防工程管理纳入上海市"一网统管"的建设，促进在用民防工程的精细化管理，实现在用民防工程日常安全管理的"人防＋技防"，加快上海民防数字化转型，以智能化管理、智慧化预防让城市运行更顺畅、更精准、更安全、更有序。

在用民防工程的"一网统管"管理平台，主要是采用信息化管理技术，依托大数据、云计算、物联网等科技手段，实现在用民防工程风险自动感应、自动报警，实现安全隐患的实时发现、实时派单、实时跟踪、实时督办。民防一线管理人员手持民防综合管理 App 可以更加便捷地进行日常巡查、专项检查、现场处置等。

同时，进一步强化民防工程的智能化管理。民防工程一般所用的“安全卫士”，集烟气、温度、有毒气体、红外闯入监测等功能于一身，能第一时间将预警信息发送至民防“一网统管”管理平台。同时为解决民防工程内部无线信号弱及缺失的问题，上海民防相关部门开发了专门的民防要素箱(图 4-2)，该要素箱不仅能在民防工程内部布置各类物联感知设备，还能将这些信号源向外输送，实时传递数据至“一网统管”管理平台。

图 4-2 民防要素箱

目前，民防工程采用的物联感知设备主要包括视频监控、温度、浸水、烟感、红外位移、供电等基础物联设施，以及湿度、门禁、红外火警、静力水平仪、水位计、裂缝计、易燃易爆气体、有毒有害气体、一氧化碳、二氧化碳、氧含量等特殊场所应用的物联设施，做到各类风险管控的全覆盖。通过全市统一的物联数据标准、预警分析策略，实现“市区同步、互联互通、标准统一、资源共享、实战应用”的建设目标。

6) 强化预案演练，确保安全度汛防台

上海所处地理位置特殊，易遭受台风、暴雨、高潮位、洪涝等灾害，因此在用民防工程的防汛防台工作始终处于安全风险防控重中之重的位置。近年来，上海民防坚持守土有责、守土尽责，压实防汛防台安全管理责任，加大对公用民防工程防汛防台工作的人力、财力、物力投入，切实提高公用民防工程整体防汛能力。从防汛预案、物资储备、日常管理、隐患排查、防汛演练、实战防控等入手，积极应对暴雨、台风、汛期等给民防工程造成的风险。

依据《上海市实施〈中华人民共和国突发事件应对法〉办法》《上海市突发公共事件总体应急预案》《上海市防汛防台专项应急预案》等法律法规，从市区两级层面，直至每个在用公用民防工程，均制定内容完备、富有针对性的防汛防台预案。预案的主要内容包括总则、编制目的、编制依据、适用范围、组织指挥体系、抢险队伍编成与分工、预防与预警、值班安排、等级响应及措施、灾后救助等。

根据工程实际，配备必要数量及规格型号的挡水板、沙袋、应急抽水设备等防汛防台物资器材。在工程出入口附近位置堆放挡水板、沙袋等防汛物资器材，并严格禁止擅自挪用。同时，定期检查上述物资器材，特别是在汛期到来之前，进一步加强检查，对缺损的物资器材及时补充。

由于台风、暴雨、高潮位、洪涝等灾害的突发性强、抢险时效要求高，应定期开展防台防汛演练，检验民防应急抢险队伍的组织能力、处置能力、指挥能力和应急应变能力。演练的内容包括在接到险情警报后，立即对工程外围进行警戒，迅速疏散抢险现场无关人员，对工程出入口进行沙袋加固、安放挡水板，安装应急抽水设备、进行应急排水作业等。

汛期安全，责任重于泰山。在汛期到来之前，充分做好各项应急准备工作，部署各项防汛工作，根据响应等级进行值班备守。将早期的老旧工程、人员聚集工程以及地势低洼区域工程作为重点检查对象。排查与消除工程出入口、换气孔、用电、疏散通道、排水排污抽升设施、窗井遮挡雨棚等方面存在的风险隐患，确保无盲区、无死角。预先清理、排空集水井，确保其有效容积。必要时将重要物资事先转移。进一步强化防汛预案，物资储备充足，应急队伍完善，落实各项防台防汛责任。

当汛期到来时，民防工程防汛人员严格坚持 24 小时在岗在位值班制度。值班人员密切关注气象预报变化。遇有暴雨、台风等恶劣天气时，指挥部成员全部到岗，发现险情第一时间赶赴现场，保证信息畅通，认真做好情况上报、任务下达等工作。在抢险过程中，服从命令，严格按照工作规程办事，做好抢险人员自身安全防护。遇有超标准强降雨的重大灾害时，有人员聚集的民防工程立即停止使用，及时将人员疏散到临时安置场所，同时切断电源、堵住水源、进行快速排水等。

通过以上各项防控措施，确保民防工程安全度过汛期，保障人民群众的生命与财产安全。

7）早期工程治理，恢复工程结构健康

早期民防工程一般是指 20 世纪六七十年代在城市中建设的民防工程。早期民防工程的特点：一是单体面积小，多为几十平方米到几百平方米；二是防护标准低，有些无法满足现行防核、常、生、化武器标准；三是结构安全性差，缺乏科学验算和施工设计，使用寿命无法确定；四是设备设施老旧，甚至缺失必要的防护设备；五是存在裂缝等结构隐患，甚至长年积水浸泡。早期民防工程治理流程如图 4-3 所示。

为进一步做好早期民防工程治理工作，消除安全隐患，主要采取以下措施：

工程分类鉴定。对早期民防工程进行工程分类是早期民防工程处置的重要技术依据。工程分类鉴定是通过对工程开展调查和现场检测，对工程的平时使用安全性及工程战时防护功能进行评估，依据安全性评估等级、防护功能评估等级，综合考虑工程口部防护建筑布局、防护设备和内部设备现状、工程改造可行性以及使用价值等方面，从而确定工程的适用类型，进行分类与处置。结合工程可改造性，一般将工程分为以下四个类别：一类工程即维持现状类，二类工程即加固改造类，三类工程即退出战备类，四类工程即拆除报废类。

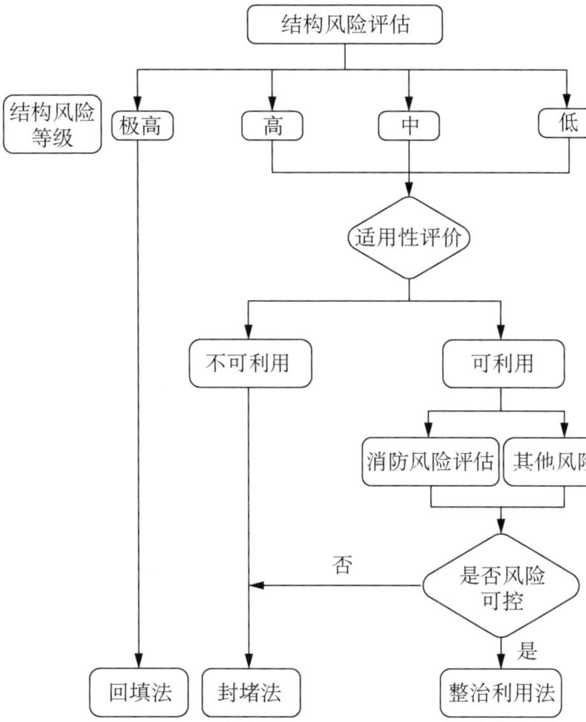

图 4-3 早期民防工程治理流程

工程处置的技术措施，包括工程改造、结构加固及报废处理等，由具有相应资质的机构按照相关标准进行专业设计和施工。对于一、二类工程，仅需维持现状或经过结构加固及改造后，就可以继续使用。对于三、四类工程，因其已基本丧失防护功能，必须退出民防序列工程，作为普通地下室进行管理。对于已确实无使用价值、风险等级极高的民防工程进行回填处置。

随着时间的推移和城市建设的快速发展，早期民防工程的具体情况已经发生了很大的变化，有部分工程口部被封闭，有的无法找到或进入工程，还有的工程内部情况不明，这些情况均易产生风险隐患，对此类工程的安全现状需进行彻底排查。排查的方式主要包括：一是通过翻阅档案、现场调查的方式探寻工程口部所处位置；二是运用物探技术，找到工程具体位置。将工程开启，排除废气、抽干积水、清除淤泥，逐个工程进行详细勘察，由专业机构对工程的结构进行检测，制定有效措施，消除安全隐患。

对于有结构损坏、渗水积水严重的民防工程，抽干积水后对结构及时进行修补加固。加固时按照《钢筋混凝土结构加固设计规范》等技术标准，采用压力灌浆补强加固法、钢筋网水泥砂浆面层加固法、钢筋混凝土面层加固法等方法进行结构补强措施。对工程渗漏问题，从传统的“被动防水”转变为“主动防水”，从单纯的“堵水”“疏水”到“有堵有疏”，运用内衬式快速成型泡沫堵漏防水、聚脲防水涂料等防水防腐新技术，有效治理渗漏问题。近年来，通过综合治理，上海的不少早期工程存在的结构安全隐患、渗漏等问题已得到有效解决，部分经治理的早期民防工程平时用于社区培训学习、市民健身活动、民防科普教育、社区应急物资储放等，为社区公益事业发挥了重要作用。有些工程通过综合治理改建为新型缆线综合管廊，为城市建设和治理作出新的贡献(图 4-4、图 4-5)。

图 4-4　徐汇区肇家浜路民防工程改建为新型缆线管廊(改造前)

图 4-5　徐汇区肇家浜路民防工程改建为新型缆线管廊(改造后)

8）采用标识系统，引导民众疏散掩蔽

为进一步便于民众识别和有效使用民防工程，利于战时、灾时人员疏散与掩蔽，提升民防工程维护管理、平战转换等工作的便捷性，降低民防工程使用过程的安全风险，上海市民防办制定《上海市民防工程标识系统技术标准》要求对民防工程的设备设施进行标识。民防工程标识分为导引标识、管理标识、设施标识、设备标识及管线标识等。

民防工程的导引标识分为民防工程外部导引标识，战时主、次要出入口口部导引标识，防护单元内部导引标识。民防工程外部导引标识由“民防工程标识牌”“民防工程指示牌”以及“民防工程疏散导引图”等标识牌组成。战时主、次要出入口口部导引标识由“民防工程示意图”“防护单元示意图”“战时主要出入口”“战时次要出入口”标识牌、用作战时主要出入口的坡道、楼梯墙体标识组成。防护单元内部导引标识由人防门启闭范围标识、民防工程临空墙墙体标识、密闭通道墙体标识、防毒通道墙体标识等组成（图4-6）。通过上述导引标识使民众能迅速找到民防工程，提高民防工程的疏散效率，同时也减缓减少民众在疏散时的紧张、慌乱、盲从等情绪和行为，使其有序进入民防工程中指定的疏散位置。

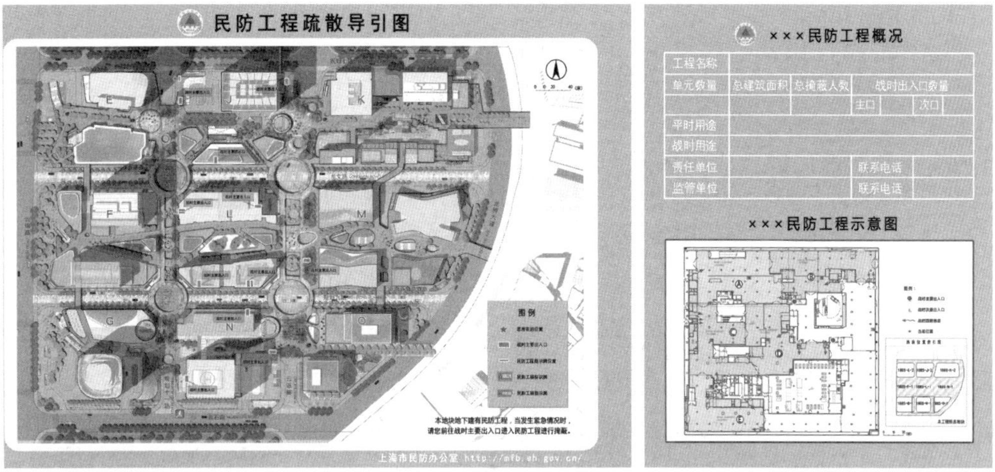

图4-6　民防工程导引标识牌示例

民防工程的管理标识包括“民防工程维护管理制度牌”“民防工程平时使用须知牌”以及各功能用房的管理制度牌（图4-7）。其内容涵盖设备房间主要的操作、维护和管理规定等，包括民防工程内的扩散室、除尘室、滤毒室、洗消间、防毒通道、密闭通道、战时进风机房、战时排风机房、防化通信值班室、防化器材储藏室、配电间、水泵房、污水泵房等。民防工程的防护设备设施具有一定的专业性，通过上述标识使维护管理人员能进一步掌握民防工程的维护管理要点，降低维护管理不到位、战时使用误操作等安全风险。

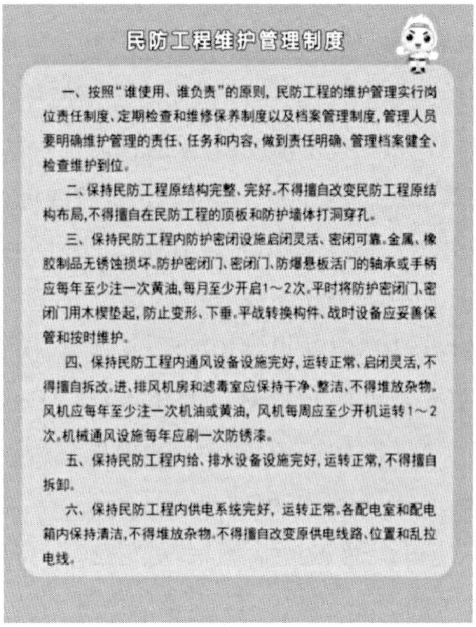

图 4-7　民防工程管理标识牌示例

民防工程的设施标识包括“功能房间标识”和“平战转换标识”。民防工程的设备标识和管线标识主要是对人防门、滤尘器、过滤吸收器、密闭阀门等以及相应的管线进行标识，使民防工程的维护管理、战时使用人员能迅速地辨识民防工程内的主要功能房间，以及掌握所需进行平战转换的部位以及转换要点等(图 4-8)。

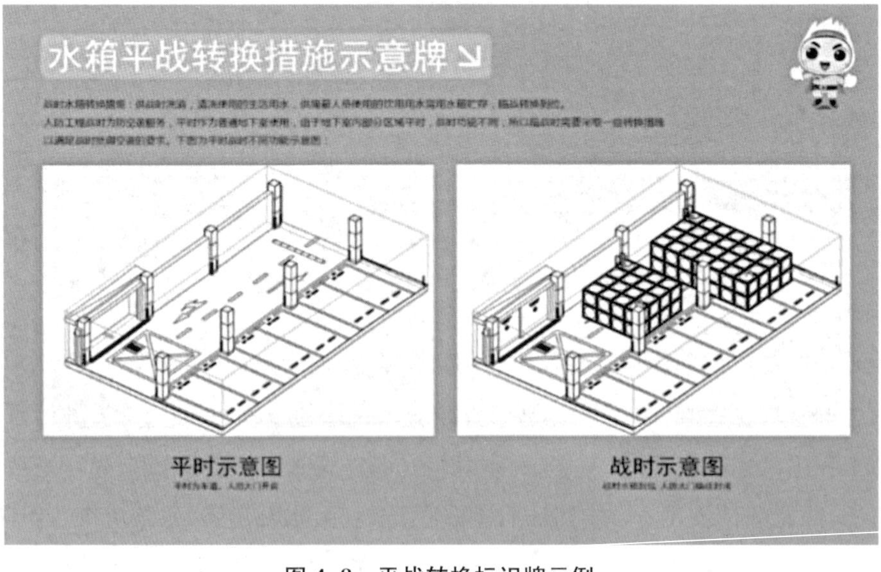

图 4-8　平战转换标识牌示例

民防工程具有非常鲜明的专业特色，其中的防护设备设施往往不为人熟知。通过上述民防工程标识系统的设置，民众能在平时进一步知晓民防工程，在战时能快速疏散掩蔽；民防工程管理人员在战时使用民防工程，减少误操作的概率，进而降低民防工程战时使用的风险隐患，提升防护效能。

4.1.4 兼顾设防工程风险防控

自 1997 年 1 月 1 日起施行的《中华人民共和国人民防空法》中明确规定了“城市的地下交通干线以及其他地下工程的建设，应当兼顾人民防空需要”，这是着眼于未来，综合利用资源的合理之举，可有效提高城市整体防护效能。地下交通干线是指地铁、隧道、地下公路等，其他地下工程是指地下管网和供水、供电、供气、供热、通信等公用基础设施，能兼顾人民防空需要的工程则简称为“兼顾设防工程”。

城市的地下交通干线以及其他地下工程，在平时是保障城市正常运转和人民群众生产、生活的生命线工程，在未来反空袭作战中，也能为广大市民就地就近提供疏散及临时掩蔽，对稳定人心减少损失、维持城市正常秩序、保持战争潜力具有十分重要的意义。

兼顾设防工程首先应立足平时使用功能，利用地下工程已有的有利条件，对关键部位、重要设施，按照民防工程要求，采用平战转换技术措施，做好重点防护，增强防空抗毁能力。其次在预定的核武器、化学武器、常规武器袭击和袭击后的城市次生灾害威胁下，作为城市的人员及物资临时待蔽场所。另外，根据地下空间的个性需求，在满足抗力、防倒塌荷载、防弹片及气浪杀伤的最基本前提下确定地铁、隧道、地下综合体等大型地下空间的人防设施，尽可能减少平战转换工程量。

1. 兼顾设防工程主要风险点

我国城市地下空间开发建设始于 20 世纪 50 年代，较欧美等国起步晚，早期主要以民防工程为主，后随着城市经济建设发展，特别是进入 21 世纪后，轨道交通、综合管廊、地下综合体等地下工程的开发蓬勃兴起。

1）轨道交通兼顾设防工程

(1) 发展现状：截至 2020 年年底，全球共有 77 个国家和地区的 538 座城市开通城市轨道交通（包括地铁、轻轨、有轨电车），运营里程超过 33 346 km。中国（包括香港、澳门和台湾）总运营里程排名世界第一，占全球总里程的 25.45%，且中国大陆（内地）累计有 45 座城市开通运营轨道交通，运营里程达7 978.19 km，其中 38 座城市开通地铁 7 108.49 km。2020 年，中国大陆（内地）新开通城市轨道交通线路 1 241.99 km，新增运营线路 36 条，新开通延伸段 20 段，涉及 25 座城市。中国城市轨道交通持续稳步发展，线网规模和客流规模居世界第一。

中国大陆(内地)自1969年第一条轨道交通开通运营,仅用50余年的时间,基本赶上了欧美国家用150年发展形成的运营规模,已成为世界城市轨道交通发展的强劲动力。以北京、上海等为代表的超大城市,以市域快轨形式向城市周边延伸,正在形成更大的网络化格局。

(2) 人防功能:轨道交通地下工程主体具有埋深深、结构强度大等特点,具备了一定的抗核武器、航弹、生化武器的能力,只需在防护的薄弱部位、孔口完善防护设施,即能达到人防的相应抗力,加上防护单元的风、水、电设备的配套自成体系,从而具备人防的功能。

和平时期,轨道交通是城市公共交通的主力,战争期间,轨道交通可作为城市人民防空疏散干道或紧急人员掩蔽部、物资储备库等。作为城市人民防空工程体系的重要连接线,在供电仍有保障、确保运行安全的情况下,轨道交通可发挥其疏散、运输能力强的优势,将人员和物资疏散转移到远郊、应急避难场所或周边的民防工程等,可大大降低空袭损失、保持战争实力。即使机车不运行,通过轨道平车、人员步行仍可完成疏散、运输功能。当轨道交通疏散功能因战争破坏中断时,车站也可作为人员紧急掩蔽场所或战备物资临时储存场所,供疏散人员短时间临时掩蔽或战备物资临时存储。

(3) 风险识别:轨道交通兼顾设防工程是在其原有结构基础上根据人防功能需求进行了完善,在对轨道交通兼顾设防工程风险识别时应关注其人防功能模块,譬如区间隔断门、口部防护设备、通风设施等。

通常地铁兼顾人防建设,是将地铁的一个车站和一个区间合并为一个防护单元,每个防护单元在防护和内部设施方面均是自成体系的使用空间。当某一个人防分区被破坏后,邻近的人防单元仍能正常使用。这些防护单元在地铁工程中,是通过区间隔断门来分隔实现的。

对于每个地铁防护单元,为了阻止室外冲击波、辐射、毒气等的进入,战时所有进出人防的出入口、风井、孔洞要进行封闭。常规的封闭方法为人员出入口和风井等一些平时需开启的通道设置防护密闭门或其他孔洞临战封堵措施。战时仍需穿越人防的各类管线,其与孔口间的空隙采用填料等措施保证密闭。

轨道交通兼顾设防时大多只采用清洁式和隔绝式两种通风方式。这意味着战时通风系统基本利用了平时的通风设施,平战转换工作量不大。部分平时不便于安装的设备(如战时水箱、柴油发电机等)一般战时安装,但必须将给排水接口、吊钩、电源、排烟道等预留好,而如防爆波地漏、人防进出水管及首道闸阀等应当平时安装完成。

2) 地下综合管廊兼顾设防工程

(1) 发展现状:地下综合管廊是指将两种或两种以上的不同管道共同敷设在一个地下构筑物空间中的市政管线系统,以利于实施对各种市政基础设施的统一规划、设计、建造和管理。

同传统的市政管线敷设方式相比，地下综合管廊拥有很多优点，如实现多种市政管线的集约化、可持续性建设，充分利用城市地下空间资源，使建设资金可以有计划、分期进行投入；避免了市政管线增设、更换或者维修时对城市道路的重复开挖，和由此引起的道路基础设施的破坏及对城市正常交通的影响；满足各种市政管网对通道、路径的需求，有效地解决城市发展过程中对电力、燃气、通信、给水、排水等持续性增长的需求。另外，敷设于地下综合管廊中的各种市政管线避免了与土壤和地下水直接接触，从而减轻腐蚀，延长使用寿命。管廊结构的坚固性，有效地抵御管线受到冲击作用，防灾效果明显。

我国的地下综合管廊建设起步较晚，第一条综合管廊建于 1958 年，位于天安门广场地下，长约 1 076 m，埋深约 8 m，容纳了电力、电信、热力等工程管线。近年来，我国开始重视地下综合管廊发展，中央层面密集出台指导文件，地方政府同时加大综合管廊建设力度，社会各界也在积极参与投资建设。截至 2017 年年底，全国已开工综合管廊总长度超过 6 500 km，2017 年新建综合管廊里程数比 2016 年增长 138%。

(2) 人防功能：2014 年 6 月，国务院办公厅印发的《国务院办公厅关于加强城市地下管线建设管理的指导意见》中指出："编制城市地下管线综合规划，应加强与地下空间、道路交通、人防建设、地铁建设等规划的衔接和协调，并作为控制性详细规划和地下管线建设规划的基本依据。"

综合管廊内敷设了电力通信、给排水、供热、燃气等，这些均属于城市"生命线工程"。生命线工程一旦遭到破坏，将给城市各项活动的正常运转带来极大的障碍，造成的经济损失和社会冲击影响巨大，轻者影响人民的正常生活和工业生产，重者会造成城市瘫痪。地下综合管廊兼顾设防是符合我国现行法规政策及人民防空体系的建设要求，对提升人防体系的防护效率、提高城市综合防空能力具有决定性意义。

按照《城市综合管廊工程技术规范》(GB 50838—2015)，综合管廊设计使用年限为 100 年，结构重要性系数高、抗震设防类别高。综合管廊采用小跨度的钢筋混凝土箱体结构，工程顶板埋深为 3.0～3.5 m。若按人防要求的最低兼顾标准，综合管廊的结构主体基本可满足人防要求。

(3) 风险识别：地下综合管廊有人流、物流及通风需求，需在地面留出较多口部，譬如通风节点、吊装口和逃生口。这些口部对保持综合管廊正常运行是必要的，但若考虑到兼顾设防，这些暴露在地表上的口部在战时则成为风险隐患，在对地下综合管廊设防时需根据工程实际情况对孔口设防。

3) 地下综合体

(1) 发展现状：城市地下综合体，是随着城市立体化再开发、建设沿三维空间发展的，地面、地下连通的,综合商业、交通、文娱、市政公用设施等多功能的大型公共地下建设工程。其主要特征是功能重叠、空间整合、设施综合,与城市发展统筹规划、联合开发同步建设。

近年来,我国部分大中型城市为缓解城市发展矛盾,开始加大地下综合建设力度。据统计,目前已经建成使用和正在进行规划、设计、建造的地下综合体已有数百个,规模从几千至几万平方米不等,可以归纳为以下三种类型:

① 新建城镇中的地下综合体

位于新建城镇或大型居住区的中心区域,配合地面公共建筑,把一部分商业、交通等功能布置到地下综合体中,节省了地面土地,实现中心区步行化。

② 结合高层建筑群附建的地下综合体

使用功能多与高层建筑的性质和功能相联系,将地面建筑功能向地下空间延伸,如美国纽约曼哈顿区、芝加哥市中心区、加拿大多伦多市中心区等。

③ 城市道路和广场下的地下综合体

城市的中心广场、交通集散广场、购物中心广场、文化休闲广场,以及商业和交通集中的道路和道路交叉口,都适合开发建设地下综合体。

(2) 人防功能:大型城市地下综合体一般位于城市核心区域如城市中心、大型广场、交通枢纽、轨道车站、大型商业区、商务区等,承载着重要的城市区域功能,是城市地下空间体系的重要节点。同时因其战时功能的重要性和作用,也必然会成为城市地下防护体系的核心节点。

城市地下综合体在进行人防防护设计时,重点需先结合城市的民防工程管理规定及城市的民防工程总体规划,明确其修建民防工程的面积及战时功能;再结合该城市地下综合体的功能设置、空间的分布情况,合理确定民防工程的位置;最后结合平时使用功能的分区及防火分区的划分,合理、经济和有效地进行防护设计。

(3) 风险识别:城市地下综合体内民防工程有多种类型,且综合体内往往有部分建筑面积较大且难以划分防护单元的工程,各工程设计时必须严格按照人防主管部门的批文要求进行设计,并满足相关设计规范要求。

在施工及维护管理中,考虑到一般地下综合体工程占地面积大,涉及地质条件的不均匀性在所难免,施工时对不良地段的地质重视或处理不够,后期的地下市政管线漏水,地表雨水等的渗透,扰动了地基土,均可能导致工程产生不均匀沉降,造成主体结构的破坏。而民防工程对于工程结构的气密性要求较高,故应加强对地下综合体兼顾设防工程结构的日常巡检工作,及时对主体结构进行加固及防水处理。

2. 兼顾设防工程风险防控

1）规划阶段

兼顾设防工程应在城市人防整体规划的引领下，与民防工程相结合，逐渐形成城市地下防护空间体系的“点—片—区—网”的发展模式，实现轨道交通、地下综合管廊、地下综合体、普通地下空间等与民防工程相结合、相连通。兼顾设防工程若与邻近民防工程暂时不能连通时，应根据城市人民防空规划预留连通口。

2）设计阶段

兼顾设防工程除应满足战时防护和使用要求外，还应满足平时使用各项功能要求，其战时功能宜与平时使用功能相匹配，以利于平战功能的转换。当其平时使用要求与战时防护要求不一致时，设计中可采取防护功能平战转换措施，且平战转化设计应与工程设计同步完成。

兼顾设防工程系统庞大、涉及专业较多，设计单位应当在施工前提供人防设计图纸，并绘制工程中所有管线综合孔洞预留、套管预埋图等，以有效管理和避免后期预留孔洞不够时出现乱打洞和一洞多线现象。同时应加强施工图设计文件审查工作，进一步核查设计质量。

3）施工阶段

兼顾设防工程的人防设备须由有资质的单位提供。一般情况下防护设备由同一家单位整线安装。对于轨道交通兼顾设防工程而言，需特别注意区间防护密闭隔断门区域的施工质量。

隔断门安装施工要保证三方面安全：一是施工安全，隔断门以及配件质量大，均须采用吊装设备进行驳运和安装，易发生人身安全事故；二是列车运行安全，在安装阶段，隔断门及活门槛的制作安装调试与列车调试交叉，门扇固定不可靠会发生侵入限界等情况，造成安全事故；三是战时安全，隔断门关门时也有少量的平战转换，活门槛等构件必须妥善保管，确保在规定的平战转换期内完成转换。

4）验收阶段

兼顾设防工程的验收节点较多，包括门框预埋和门框墙钢筋、临战封堵框预埋、临空墙钢筋、管线预埋套管、区间隔断门钢筋、防护（隔断）门的安装、人防设备设施的隐蔽前验收工作频繁穿插。兼顾设防工程一般而言系统庞大而繁杂，工程变更导致孔洞预埋数量不够，就不能满足人防“一孔穿一线”的密闭要求。如果随意钻孔，对平时的结构强度及战时的抗冲击波和人防密闭等都会带来不利影响。

5）维护管理阶段

兼顾设防工程维护管理阶段风险防控的要求与措施，要特别加强对大型人防门固定限位的管理，其他方面与民防工程类似。

4.2 防空警报

4.2.1 概述

防空警报是战时城市受到敌空袭时告知居民进行防空行动的报警设施，是各级人民政府实施人民防空指挥、组织群众开展防空袭斗争的基本手段。其作用主要有两个：一是为城市居民发放和传递空袭警报信号；二是为人民政府组织实施防空袭斗争指挥提供信息保障。

防空警报器可分为电声警报器、电动警报器、车载警报器、手摇警报器、便携式警报器等。

电声警报器：把音频小信号经低频功率放大后，将电子能转换为声能的音响警报器（图 4-9）。其额定功率分为 600 W，1.2 kW，2 kW 等。电声警报器由警报信号源、功放、扬声器组成。警报信号源（或称音源）录制在数字录音芯片上，再由数字录音芯片将信号送至功放，扩大后由线路送至大功率扬声器向四周发放。电声警报器体积小，重量轻，电能转换效率高，声压级可以做得很高。既可固定安装，又可装车机动；既可利用市电，又可配置柴油发电机或蓄电池，满足战时二次报警和连续报警的要求。

图 4-9 电声警报器

电动警报器：将电能转换为机械能，再由机械能转换为声能，通过电动机带动风轮（动轮）转动而发出音响警报信号的警报器（图 4-10）。其额定功率分为 2.2 kW，4 kW，7.5 kW 等。电动警报器由电动机、动轮、定轮、音窗等组成。电动警报器通过电动机带动动轮（风轮）旋转，使动轮和定轮之间相对位置发生急剧变化，挤出气流，通过音窗时开时闭，产生警报音响。电动警报器的优点是使用寿命长，发出的声音尖锐，震撼力大、穿透力强，覆盖效果好。不足之处是启动时瞬间电流过大，易引起跳闸，电动机和线圈等部件的维护技术要求高，实现战时二次报警和连续报警须投入的成本高，现在正逐步更新为电声警报器。

图 4-10 电动警报器

车载警报器：装在机动指挥车上利用直流电源的小型电声警报器。用于人民防空应急报警与机动报警，既可发放音响警报信号，又可用语音方式报警。其额定功率约 300 W。

手摇警报器：通过人工顺时针方向摇动手柄，速度达到 50～80 转/分即可达到报警效果的简易警报器(图 4-11)。警报声音大小取决于手柄摇动的速度。手摇警报器能在无电源支持的场所提供有效的报警信号，只需通过人工摇动手柄，就能达到报警效果。其优点是部署灵活、机动和便捷，缺点是功率不够，警报音响的覆盖范围有限。手摇警报器一般在固定警报器出现故障时，或作为局部警报音响覆盖盲区应急发放人民防空警报信号的有效补充手段。

图 4-11 手摇警报器

便携式警报器：一种新型便携式电声警报器。配备免维护电池组，当交流电源断电时，可自动转换为内部直流供电。

4.2.2 防空警报风险识别与分析

防空警报的风险管理，是指对防空警报的规划建设、维护管理和警报信号发放的全过程进行风险分析、识别，并采取有效的预防措施防控可能出现的风险。防空警报的风险主要体现在警报规划选点布局、警报器维护管理、警报控制系统的建设应用过程中，主要风险表现在以下 5 个方面。

1. 警报音响覆盖范围不全

评价城市防空警报网点布局的关键指标是警报音响覆盖率，总体要求是城市人员密集地区的警报音响覆盖率要达到 95%。当前防空警报信号鸣响和覆盖效果仍依靠主观监听，没有采取有效的客观监测技术手段，较难获取全面准确的警报音响实际覆盖数据。随着城市化进程的不断深入，城镇化建设的不断加速，城区布局的不断拓展和延伸，对原有城区的警报音响覆盖范围必然会产生变化和影响。具体表现为以下 3 个方面：

1）高层建筑的阻挡

伴随城市建设快速发展，城区中新建的高层建筑成为影响防空警报信号传输和覆盖效果的重要因素。

2）背景噪声的影响

随着城市轨道交通及快速道路的建设，城市商务功能区的噪声对防空警报音响信号的覆盖会造成影响。

3）城区布局的变化

防空警报器存在中心城区布点密度高、郊区密度低情况，随着郊区城镇化过程中人口密度增加，若未能及时增加警报器布点，会造成新建城镇和重要经济目标区域的警报音响覆盖不足。

2. 警报终端维护不够规范

评价城市防空警报建设管理的重要指标是防空警报设施设备完好率，衡量警报器的关键设备设施状态是否正常。警报终端维护保养是否到位是影响警报发放效果的重要因素，维护好警报终端，使之始终保持良好的性能，是保证全覆盖、全鸣响的根本要求之一。警报器的电子设备和器件由于潮湿、灰尘等侵蚀会自然老化，也可能遭到人为破坏而引发各类故障。全面监测设备运行状态，发现问题并及时维修尤为重要。通常警报终端的主要故障表现在以下 3 个方面：

1）警报器供电电源故障

平时警报器主要依靠市电提供电源，由于使用频率较少，在电源设施设备维护不到位的情况下，一旦需要启用警报器时，会出现电源线路故障或者开关跳闸现象。

2）警报器功能老化

电动警报器核心设备的自然老化可能造成电动机达不到额定功率，或者在鸣放过程中出现故障；电声警报器的功放或扬声器出现故障，也容易造成防空警报音响覆盖范围不达标。警报器的常见故障和原因详见表 4-1。

表 4-1　　警报器常见故障及原因列表

警报器类型	常见故障现象	故障排查和原因分析
电动警报器	电动机损坏	电源正常供电仍无法启动时，测量电动机电阻，判断是否电动机损坏
	启动电源无任何反应	检查电源是否正常供电，判别输入电源是否存在缺相
	开关自动跳闸	电动机轴承损坏或卡壳，应利用工具从定轮窗口处拨动鸣轮，判断是否转动灵活无卡顿现象
电声警报器	内置扬声器无声音	检查开关是否处于内置状态；拨动开关进行测试，判定内外置切换开关是否损坏；检查主机内控制板是否损坏，无法正常输出音源
	外置扬声器无声音	检查开关是否处于外置状态；拨动开关进行测试，判定内外置切换开关是否损坏；检查音频线是否存在断裂、短接、进水或虚接情形；测量接扬声器的音频线上的电阻是否为正常值，判别扬声器是否损坏；检查主机内控制板是否损坏，无法正常输出音源；检查功放或者功放电源是否损坏
	面板按键无法解锁	面板按键在不解锁的情况下，按下任意按键“停止”键会亮。依次按下面板按键，确认“停止”键都会亮，如不亮则可能是按键进入灰尘导致接触不良；若多按几次仍无效果则需更换按键
	设备无电	检查供电线路是否正常；检查主机内置交流 220 V 转直流 12 V 电源是否正常

3）警报器管理员专业技能不足

防空警报系统是一个专业性较强的通信控制系统，需要具有一定理论基础和实际操作经验的专业技术人员维护维修。多数一线城市的警报终端数量已过千台，数量和规模不断增加、分布范围和地域较广，通常需要兼职的警报器专管员协助一起管理和维护警报器。这种纯粹依赖人工巡检的方式，存在巡检周期长、工作强度大、涉及人员多等问题。同时，部分专管员对警报器的操作和维护技能不够熟练，会对确保警报器的正常鸣响产生风险隐患。

3. 警报发放统控不够精准

衡量一个城市防空警报控制系统的关键指标是警报发放统控率。统控率体现对警报器发放信号的管理和控制的精准程度。目前全国大多数城市都是采用电动、电声警报器相结合，固定、机动式警报相结合的方式组成防空警报网。城市防空警报控制系统的建设和发展从20世纪80年代初开始，经历人工交换台、有线警报控制系统和无线数字集群控制系统等阶段，防空警报的统控率逐年稳步提高。防空警报统控系统在实际运行中的主要风险因素包含以下3个方面：

1）单独依靠有线实施警报控制

若警报控制中心仅依托有线电话线路实现对警报器的控制，存在传输速率低、保密性差的风险，且基于电话线等有线连接方式的警报控制系统抗毁能力差，在战争或重大灾害情况下由于有线线路损坏造成系统的可靠性不高。

2）利用公众无线网实施警报控制

采用公众无线网的数字集群控制警报器，系统抗干扰能力差和网络时延长，面对现代信息化条件局部战争和复杂电磁环境的应用场景，会造成警报发放统控率不高的结果。

3）警报控制终端可靠性

控制终端包含控制箱、有线通信单元和无线通信单元。风险因素也主要表现在3个方面：一是控制箱的可靠性，警报器信号发放和终止要依靠控制箱接收来自警报发放控制中心的指令，其性能与可靠性指标直接关系到警报信号能否正常发放，是防空警报发放环节的一个重要风险因素；二是无线通信信号的强度，警报设置点无线通信单元能否接收到控制中心发放的指令，关键在于警报安装点无线通信信号的强弱，能否确保接收和反馈相关信令；三是有线通信线路的稳定性，作为无线控制的补充，电话线路的稳定可靠也是影响警报控制的一个重要因子。

4. 防空警报存在误鸣可能

在对警报器进行日常巡检和警报控制系统信号测试的过程中，一旦出现防空警报误鸣现象，会给周边的民众造成恐慌，甚至引发社会舆情和热点事件。造成警报误鸣的主要风险有三类：

（1）人为操作失误。未按照规范的程序进行检查和操作，出现误操作导致警报器误鸣。

（2）电气故障。部分电气设备损坏导致线路短路也可能产生警报误鸣现象。

（3）警报器没有防误鸣功能。电动警报器和电声警报器没有有效的技术防范措施，不能对警报发放信号进行严格的控制和再核实确认，缺乏紧急撤销防空警报发放命令的有效技术手段。

5. 警报二次发放能力不足

防空警报二次发放是指在遭受首轮空袭后，在警报器的市电电源中断或者警报器本身部件损坏的情况下，迅速提供警报器发放所需应急备用电源，及时更换警报器和维修警报器主要设备，保障防空警报能够迅速恢复正常。影响警报二次发放的主要因素有 2 个方面：

1）警报器未配齐应急电源

由于大多数警报器安装设置点目前都没有专门的警报专用房，很多都是共用所在建筑的电梯房或公共用房，暂不具备设置发电机或储能电池的场所条件，因此尚不能给电动警报器和电声警报器提供二次发放需要的足够电能与电源保障。

2）警报器备品备件储备不全

目前人防主管部门通过购置机动警报器或移动式通信警报车，能够满足提供警报信号覆盖盲点的应急发放服务，但应对战时可能造成的警报器损坏、控制箱毁坏和警报器关键备品备件的战备物资储备考虑仍显不足。

4.2.3 风险防控措施

为保障人民防空警报的及时发放，迅速准确地传递、发放防空警报信号，有效组织指挥人民防空，人防主管部门从制定人民防空警报建设规划、推进防空警报网建设管理、加强警报专管员队伍管理、保障建设警报网所需专用频率、有线链路、专用房和主备电源等方面着手，有效管理和控制防空警报从规划布局、规范建设、精准管理和控制发放全过程面临的各种风险因素，动员广播电视、移动通信和融媒体中心等多种媒介和利用上海市突发事件预警信息发布管理系统保障人民防空警报的音响信号和信息的及时准确发放。主要从以下 7 个方面着手。

1. 抓实防空警报建设规划

1）坚持规划引领，构建布局合理的防空警报网

人防主管部门牵头抓好人民防空警报规划编制工作，以防空警报信号全覆盖为目标，以行政区域为基础单元，科学布局选点，根据城市基础设施建设变化，及时调整、增加防空警报器布点。明确防空警报建设总体规划目标、具体规划指标和年度建设任务。警报器的规划从警报器的布局选点着手。警报器的布点规则遵循密度规则、避让规则、建设规则。

（1）密度规则。不同功率的警报器音响信号有效覆盖半径为 500～800 m 不等，结合不同区域环境噪声来测算警报器布点的密度。相邻两点的音响信号覆盖面应适当重叠，以减少覆盖盲区。在高层建筑密集区、人口密集区、交通车辆密集区、重要经济目标区和噪声达 80 dB 以上的地域，警报信号覆盖区域可重叠 50%，以保证警报音响信号覆盖效果。布点落于建筑高密集区（如中央商务区的建筑高度在 100 m 及以上的建筑成片出现）的警报器点为按其音响半径为 500 m 布置。各种常用警报器的音响覆盖半径可参考表 4-2。

表 4-2　　常用防空警报器性能参数指标表

警报器类型	功率/kW	5 m 处声压级/dB(A)	音响覆盖半径/m
电动警报器	2.2	123	≤500
	4.0	126	≤600
	7.5	128	≤800
电声警报器	2.4	128	≤800

(2) 避让规则。防空警报的安装设置点应避开军事单位的重点部位，以提高警报设施的生存率和抗毁率；采取避开腐蚀源和不安全点，选用抗腐材料的导线、机架、电器开关等方法，提高警报设施的耐用性；应尽量避开主要传播方向上的屏障并考虑风向的影响。

(3)建设规则。警报器位置应落点于已建成建筑物上方，便于警报器的安装；重要经济目标单位应当在人防主管部门的指导下，按照战时防空袭实际需要，建设本单位的防空警报设施。

上海市民防办公室为加强统筹衔接，对接《上海市城市总体规划(2017—2035 年)》，将人民防空建设规划与国土空间、军民融合、重点地区开发规划等有机衔接，编制《上海市人民防空建设专业规划(2021—2035)》，经上海市人民政府批复同意后实施。该专业规划包含了警报建设的布局要求，为确保上海市防空警报设施的建设质量提供了重要基础保障。

2) 按照防空警报规划编制导则，规范警报规划编制

如上海市民防办公室编制印发《上海市防空警报规划编制导则》，通过该导则合理规划布局警报设置点，提高警报音响覆盖率，促进城市建设与防空警报建设的有机结合。规划编制导则明确了规划编制的总则、组织计划、编制内容、建设要求、审批流程、规划成果等，对各区开展规划编制工作具有重要指导作用。在导则中对警报器建设的选址、设置和安装规定提出了以下具体要求：

(1) 选点要求。在居民集中居住区、商业中心、交通枢纽、旅游景点等人口密集区域以及重要经济目标区域，选择便于维护管理的行政单位、学校、医院等单位的公共建筑或利用大中企业、居住区的建筑安装警报器。确保警报器维护方便，配套控制设备能够保持稳定，有线及无线信号能够有效接收和发送。

(2) 安装要求。优先选择便于连通警报设备电源供电和通信线路的场所设置警报器。保证电源稳定可靠，确保不间断供电和设备安全，兼顾考虑建筑物楼顶面的承重、抗震及防雷等因素，确保警报终端设备的安全性。

(3) 高度要求。充分考虑楼层高度、周围建筑环境、噪声等因素，根据声学原理，宜选择较高地形或高度 20～30 m 的建筑物顶部作为警报器设置点，以保障警报信号的传输和最佳覆盖效果。

(4) 布点要求。规划布点时对于城市规划区内未开发的单块建设用地总用地面积 60～80 hm^2,应纳入防空警报器的规划单独布点选址(总用地面积 80～160 hm^2 应设置至少 2 台警报器,以此类推);小于 60 hm^2 的可与周边地块统筹考虑防空警报器的选址。

3) 监测警报试鸣效果,减少警报信号覆盖盲区

防空警报器的信号覆盖区域是指警报器发出的音响信号所能达到让人们听清楚的最长距离,一般以覆盖半径来表示。相关规范对防空警报音响信号覆盖做了明确规定:"警报音响信号电平高于收听点噪声电平 5 dB 为覆盖标准。"即声压级差≥5 dB。按照标准,收听点警报音响信号声压级差在室内、公园应大于 5 dB,在社区、小巷应大于 7 dB,在干道、闹市区应大于 10 dB。充分利用每年的防空警报试鸣,及时发现和查找防空警报覆盖盲区,采取针对性的措施进行补盲,并在后期的建设过程中增加新的警报点,逐步消除和减少警报音响覆盖盲区。

综上所述,防空警报点的设置要根据城市发展规划和重要经济目标防护的特点,采用点面结合、高低结合和疏密结合的布点原则合理设置,利用警报试鸣监测警报器的实际信号覆盖效果,及时调整警报网点布局,使得城市警报网点的布局更加合理,系统解决存在的警报音响信号覆盖盲区问题,有效管控警报音响覆盖不足的风险。

2. 依法管理警报设备设施

《上海市民防条例》规定设置在有关单位的人民防空警报设施,由其所在单位维护管理,任何单位和个人未经允许不得擅自拆除防空警报。确因城市建设需要拆迁防空警报设施的,应当报防空警报设施所在地的人防主管部门批准,并且有义务为人防主管部门提供工作便利。人防主管部门为保持民防通信、防空警报设施处于良好使用状态,提高警报器设备的完好率,预防管控警报器的管理风险,必须加强对警报器的建设、管理和维护工作。

加强防空警报设施建设和管理,规范防空警报信号的传递和发放,保护人民生命和财产安全。上海市在全国率先制定了第一个加强防空警报管理的地方性法规《上海市防空警报管理办法》,明确规定相关部门要按照各自职责范围负责防空警报设施的维护,并履行以下责任:落实防空警报设施维护人员;巡查防空警报设施维护情况;组织实施防空警报设施的日常保养;更新防空警报设施的零部件。要求防空警报设施设置点所在单位对防空警报设施的维护给予协助和配合。

为有效应对和控制警报设施设备的损坏风险,需要加强对警报终端的管理和维护,落实警报维护和管理的经费,明确维护管理标准。上海市民防办制定印发了《上海市警报维护管理估算指标》,明确了警报器维护的主要内容和经费估算标准,既保障经费,又细化警报器平时维护管理的详细内容和要求,为确保警报设置点的警报设备得到全面维护做好经费保障工作。

3. 构建警报智能监管系统

随着物联网、大数据、云计算、5G 和人工智能技术的不断发展，建设基于物联网的智能防空警报维护管理系统，利用新一代的信息技术增加警报供电线路电压和电流监测、无线电磁环境监测、警报鸣响声音监测、二维码巡检等功能，进一步提升警报器的智能化管理水平。

仅依赖人工巡检易出现管理不到位情况，如技术人员开展警报器巡检工作过程中虽然执行统一的标准，仍有误判或者错判的情况。基于传统纸质登记的台账管理易出现信息反馈滞后，处理流程难以把控，不能及时将重要信息反馈给相关责任人；对警报器的维护管理绩效缺少客观数据来评价，难以开展有效监督和绩效评估。为实现防空警报系统的建设、管理和运维更加智能化、自动化、信息化的目标，上海建设了具有物联网智能监测、云端数据管理、移动终端接入和数据挖掘分析的防空警报综合监测和管理系统，包含智能物联监控终端、智能警报状态监测软件和基于二维码的警报器管理应用软件（图 4-12）。

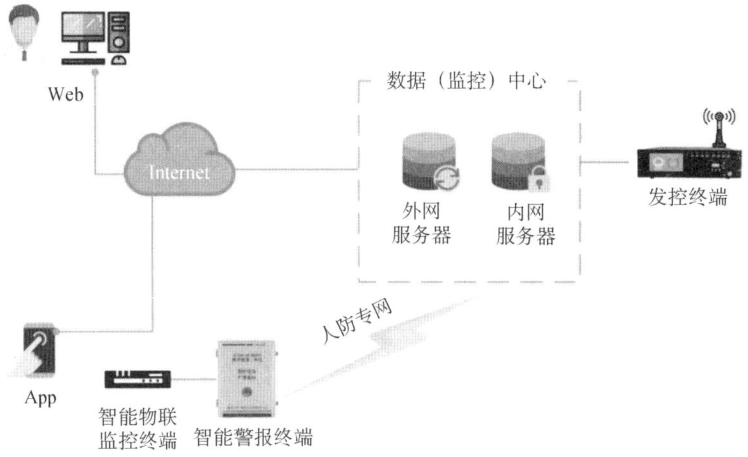

图 4-12　系统主要架构图

智能物联监控终端基于电声、电动警报器的功能和技术参数，集成电压、电流、温湿度、声压等传感器，通过物理连接或标准接口的形式，采集设备工作状态，如设备供电状态、警报鸣响强度、设备工作环境温湿度、电子部件状态参数等，并通过窄带或宽带传输方式将监测数据实时上传到人防指挥控制中心，以便警报发放控制管理人员监控和掌握警报终端的状态。智能物联终端本身还具有一定的数据缓存能力，维护管理人员在现场可通过查看状态日志，了解设备运行情况。

警报终端工作状态监测软件基于 B/S 架构，能够对监测数据进行展示、分析、评估和预警，实现对设备巡检工作的监督管理，具有实时状态单元、运维管理单元、设备管理单元、查询分析单元等功能。警报器维护人员可通过计算机终端或手机终端及时掌握警报终端的各项参数和运行状况。

基于二维码的人防警报器管理App基于“二维码+互联网”云技术，对系统内的终端设备进行唯一性编码，将维护管理人员登记识别，综合利用智能手机的摄像、4G或5G通信等功能，通过App实现设备识别、身份识别、路径识别，助力管理者实现巡检人员到位率考核、设备运行状态维护、异常故障及时通报处理等业务流程再造和信息化技术支撑，可以有效减少管理漏洞，达到信息共享、规范流程、提高巡检效率和加强对警报器管理的目标。

在巡检过程中，用户可及时填写信息、拍照上传到中心服务器，提升巡检效率和规范巡检流程。

工单或异常信息直接通知到管理员。通过人员管理将设备与责任人绑定，系统可将分配好的工单任务发送到对应管理人员手机上，也可在系统发生异常时自动发送通知到指定责任人。

4. 提高警报控制可靠性

防空警报控制系统是一个由警报器、控制终端、无线专用频率、有线信号线路、无线基站、中继站、天线、警报控制中心、警报专用房和警报通信车等设备组成的警报报知系统，具有防空警报接收、发放和终止功能的信号控制系统。构建一套功能齐全、完善可靠的警报发放控制系统，主要应包括以下手段：

1）建设警报信息处理控制中心

人防主管部门建设警报信息处理控制中心，该中心由报警信息接收、空情灾情接收、信息情报处理和警报发放控制四部分组成，负责接收、处理来自各方面的空情、灾情信息，并对本辖区内的警报报知网进行控制与监测。下级人防部门建立警报信息处理分控中心，接收上级部门分享的空情灾情信息，组织情报处理和控制所属警报器的发放。

2）完善防空警报统控系统

由于单独采用一种控制方式（有线或无线）来控制警报发放，都存在一定的局限性和风险。为有效降低和控制警报信号发放的不确定因素，利用人防专用无线通信频点建设有线和无线相结合的警报统控系统，发挥有线控制和无线控制的双重优势，相互结合，取长补短。

上海市民防办公室对全市的警报统控系统进行了升级改造，完善警报发放有无线结合的控制方式，增强警报回示功能。

（1）警报控制回示功能。警报发放控制中心通过接受警报终端回示信息，监测警报器的状态、是否正常鸣响和终端故障等终端信息，警报试鸣后系统能实时生成警报试鸣数据报表。

（2）拓展北斗卫星控制功能。根据国家人防办发布的警报器控制系统建设规范要求，警报控制终端要具备扩展北斗卫星控制功能。考虑到遭受首轮空袭后有线控制线路及人防专用频点的无线基站都可能遭袭击难以在短时间内修复，应利用国产自主的北斗导航卫星传输控制信令，确保控制中心的控制信令能够正常传送至警报控制终端。

（3）警报发放数据分析功能。进一步强化警报控制系统的辅助分析功能。充分挖掘和利用警报试鸣的数据，利用建立的数据模型和智能算法技术形成有针对性的警报分析报告，反馈给警报维护管理单位，以便改进和提升防空警报硬件维护、软件更新和日常管理维护水平，确保人民防空警报设施处于良好的使用状态。

3）落实警报设施防护要求

所属人防主管部门要严格根据人民防空警报建设规划要求，落实新建警报器或按规定移建防空警报器的新建民用建筑，应在顶层（超高层建筑除外）预留不少于 10 m^2 的警报专用房，警报专用房的结构设计和设备配置严格遵照警报专用房的设计要求，确保警报器、控制终端、电源系统和配套设施处于安全可控状态。

4）推进警报报知网建设

推进建设由户外音响警报器、户外广播、电视、手机、机动报警车、室内应急广播、多媒体显示屏等多种报知平台组成的警报报知网，以音响信号、语音、文字、图像等多种形式传递警报信息，提高覆盖范围。探索地下空间警报信息发放工作机制，将人防警报信号或发放信息覆盖至民防工程。协调推进基于有线电视网络和市级应急信息发布系统发布防空警报，形成广播、电视、互联网、移动通信等多种手段发放警报信息的综合警报发放系统，不断提高防空警报民众识别率，增强民众国防意识。

5. 消除警报误鸣隐患

由于产生原因具有多种不确定因素，使得警报误鸣在概率上难以绝对避免，如何有效防止警报误鸣和尽可能地降低警报器误鸣的发生概率，人防主管部门一直致力于这方面的研究，目前主要从警报控制终端解决，即采用双系统冗余警报控制终端。

从警报控制和警报器终端两方面统一考虑和综合设计，在控制箱上增加警报防误鸣功能。双系统冗余警报终端主要由第一控制单元和第二控制单元两个主控制单元组成，同时包括传感、状态检测、电源控制、供电等辅助单元（图 4-13）。

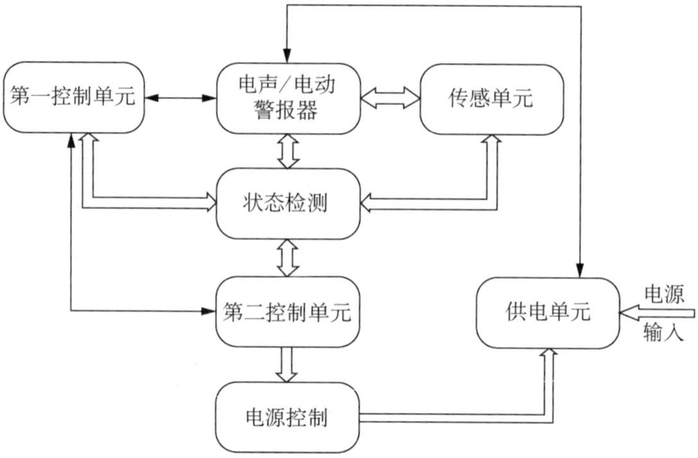

图 4-13　系统结构图

其工作原理如下:第一控制单元主要负责接收警报控制中心的警报发放命令,控制警报器进行警报鸣响;状态检测单元对传感单元的感应信号进行处理、分析,将检测结果传给第二控制单元;第二控制单元根据状态检测单元的检测结果,判断警报器工作状态,并上报给控制中心,一旦发现警报器处于非正常鸣响状态,立刻进行故障报警并通过电源控制单元及时切断警报器电源。第一控制单元和第二控制单元可以相互检测自身状态,若其中任何一个单元不能正常工作,另一单元可及时上报给控制中心。通过上述措施,可以切实降低警报器误鸣概率,让警报终端保持通电,提升控制系统的应急响应能力。

6. 配备警报应急电源

当战争、自然灾害或突发事故发生时,市电可能会中断,无法有效保障人民防空警报的持续发放。警报器建设规范中明确要求警报器应具备交、直流两种供电方式,当交流供电系统出现故障或停电时,能自动切换至电池组供电。当前主要采用应急电源作为警报二次发放的保障措施,可采取不间断电源、发电机、蓄电池、人防警报智能电源系统等方式给警报器供电。上海市民防办根据警报器的现状,从应急电源性价比、维护成木、操作使用和智能管理等方面进行综合分析,分别针对电动和电声警报器明确应急电源的配置要求。

1) 应急电源自身特点及其适应的警报器类型

(1) 不间断电源。由主机和电池组组成,将逆变器串联连接在交流输入与警报器之间,电源通过逆变器连续地向警报器供电。市电正常时,市电经过整流器、逆变器向警报器供电;市电不正常时,由蓄电器经逆变器向负载供电,适用于电声警报器。

(2) 发电机。使用燃油机驱动发电机运转,将燃油转换为电能供给电动或电声警报设备,适用于电声和电动警报器。

(3) 蓄电池。将蓄电池组接在警报器直流接口,给电声警报设备供电,适用于具有直流接口的电声警报器。

(4) 人防警报智能电源系统。基于太阳能、市电混合供电方式,采用锂电池或铅酸电池储蓄电能,通过直流/交流逆变对警报设备进行供电,适用于电声警报器。

2) 电动和电声警报器应急电源配置要求

(1) 电动警报器。电动警报器启动时的瞬间功率大,备用发电机功率需达到6倍警报器额定功率,应急电源宜配置大功率柴油发电机。

(2) 电声警报器。可使用不间断电源、发电机或人防警报智能电源系统等作为应急电源,电源选择和容量需求结合警报点实际情况选配。

7. 推进警报专用房建设

为能更有效地管控防空警报从规划、建设到维护管理全生命周期可能出现的各种风险,建设防空警报专用房是一项非常有效且可靠的保障措施。防空警报专用房是指用于设置人民防空警报设施设备，具有一定防护功能的专用房间。防空警报专用房一般由建筑主体、配套设施组成，建筑主体的建筑面积一般不少于 10 m^2，构筑形式主要分为钢筋混凝土结构防空警报专用房、装配式钢框架结构防空警报专用房两种；配套设施主要包括市电电源、照明系统、消防系统、防雷系统、监测系统、综合布线系统等。

为加强对人民防空警报设施设备的规范化建设工作，提高防空警报建设、管理和维护水平，各地人防部门都在积极探索研究推进警报专用房的建设。《上海市民防条例》规定“防空警报设施规划设置点建筑物的所有者，应当在该建筑物顶层预留不少于 10 m^2 的防空警报设施专用房，并为民防办安装防空警报设施提供方便条件，不得阻挠”。

为更好地落实防空警报设施专用房的建设要求，上海市民防办印发了《上海市人民防空警报设施专用房建设管理意见》《上海市人民防空警报设施专用房设备配置要求》等制度文件，进一步明确警报专用房的规划、建设、管理、验收和维护等具体细则。《上海市人民防空警报设施专用房建设管理意见》中明确“以规引建、内外衔接、严抓落实”为总体要求，要求新建的人民防空警报专用房应当在规划设计条件征询阶段、土地出让征求出让条件阶段、建设工程设计方案意见征询阶段中明确建设意见；防空警报设施专用房依照标准图集进行设计，其施工图审查、质量监督、竣工验收，随主体建筑一并纳入建设管理流程；防空警报专用房中的警报音响系统、警报控制终端、应急电源等设备设施，一般由民防部门负责建设；防空警报专用房交付使用前，属地民防管理部门应与建设单位签定交付使用协议。

同时，上海市民防办组织编制出台上海市建筑标准设计《人民防空警报设施专用房图集》，实现全市人民防空警报设施遵循统一标准建设，有效解决建设单位、设计单位和审图机构没有统一的警报专用房设计图集的问题。

通过加强人民防空警报设施专用房的建设，有效地提升了人民防空警报设施的管理水平，进一步完善上海人民防空警报体系，保障战时人民防空警报按时精准发放。

5 民众人防风险管理

民众人防风险管理是指人防部门组织动员民众学习人防相关法律法规和规章制度，增强国防观念和人防意识，掌握必要的人防知识和防护技能，使民众能正确辨识防空警报信号，快速响应，并积极参与围绕防护敌人空袭需要而动员和组织的人民防空行动，从而达到防范和减轻风险的作用。

5.1 风险识别和分析

民众人防风险是指导致民众无法有效参与人民防空行动，并造成民众生命与财产损失的各类风险。主要有以下几个方面。

1. 国防观念和人防意识不足

国无防不立，民无防不安。国防是关系到国家和民族生死存亡的根本大计。现代战争，战争高度透明，战场纵深模糊，武器命中精度高，破坏威力巨大。随着现代战争不断演进，空袭已成为主要作战样式之一，甚至成为独立的战争形态。作战飞机的隐蔽突防能力更强，战略轰炸机作战半径更宽，远程导弹和各种炸弹的毁伤威力更大。我国自改革开放以来，经济上取得了长足的发展，人民生活水平有了显著的提高。现代人活跃于网络空间，社会关注弱，容易以自我为中心，加上社会环境长期和平、生活安逸，如果国防教育普及度和深入程度不够，那么就容易产生“和平麻痹”思想。民众对于我国的安全环境和安全形势不甚了解，对于恐怖主义、分裂主义、极端主义的破坏的危害性认识不足。根据上海地区调查统计显示：目前社会民众对参与人防建设、学习人防知识、参加人防训练的理解度、参与度、支持度还不够高。

2. 人防基础知识普及不足

人防基础知识主要包含人民防空法律法规的基本内容、防空警报信号及辨识、现代空袭的人员防护、民防工程、核化生武器及其防护等。这些知识是民众在空袭灾害来临时能够正确参与人民防空行动，从而减少生命和财产损失的重要保障。根据上海地区调查统计显示：

一是市民对人民防空法律法规的知晓度不高，仅有15％的受访者比较了解《中华人民共和国人民防空法》和《上海市防空警报管理办法》；二是对疏散隐蔽场所位置及路线知晓率偏低，仅有不到30％的受访者知道城市遭遇空袭情况下自己疏散、隐蔽的场所和路线；三是防空警报信号的知晓率较低，三种防空警报信号全部知晓的受访者占比仅为6.79％。

3. 防空袭基本技能训练不足

防空袭基本技能包含自救互救技能、防空警报信号辨识技能、防护器材穿戴技能、简易防护器材制作技能及防空袭疏散隐蔽技能等。防空袭基本技能是民众在遭遇空袭灾害时能够保护自身安全并遂行人民防空行动的基础。但是根据上海地区调查统计显示：能够辨识部分防空警报信号并开展鸣后行动的受访者占比仅为25％，参加过人防技能训练和人防演习演练的受访者占比仅为17.1％。

5.2 风险管理措施

民众人防宣传教育是开展民众人防风险管理的重要手段和措施，是深化人民防空战备职能的重要保证。为做好民众人防宣传教育工作，积极营造全社会关心、支持人防建设的良好氛围，推进人防事业持续健康发展，上海市民防办公室会同相关部门开展了人防宣传教育“六进”工作，即人防宣传教育进社区、进学校、进机关、进党校、进网络、进企业。

5.2.1 民众人防宣传教育“六进”工作概述

1. 人防宣传教育进社区

结合社区人防建设广泛开展人防宣传教育活动。充分发挥社区的主体作用，利用全民国防教育日期间、防灾减灾日或其他重大活动等时机，组织开展社区人防宣传、疏散掩蔽应急演练等活动。向社区居民发放人防宣传资料，在社区设立固定的人防宣传专栏，积极宣传防空防灾知识，并定期组织更换宣传内容。充分利用社区阅览室(图书室)，配备人防训练器材、防空防灾宣传资料、人防期刊等供社区居民学习使用。定期组织社区居民参观人防设施和民防宣传教育展馆(基地)、观看防空防灾教育片等，使广大社区居民了解和掌握人防知识和自救互救技能。

2. 人防宣传教育进学校

将人防宣传教育与国防教育、安全教育、形势教育等相结合，将人防教育纳入大、中、小学教学计划，做到教师、教材、课时“三落实”，通过军训教育、知识讲座、主题宣传活动、知识竞赛、技能训练、防空防灾演练、展板宣传等形式，让学生知晓人防知识，掌握防护技能。

3. 人防宣传教育进机关

一是结合机关特点，深入各级机关单位，采取设点宣传和张挂人防宣传制品、在机关大楼开展防空袭演练、组织干部参观人防设施和宣传教育展馆（基地）并开展人防技能训练；通过各类媒体信息平台发布人防宣传教育内容等多种方法、措施，全方位开展人防宣传教育。二是通过定期向军地机关发放人防期刊、人防宣传资料等，使各级领导干部能深入学习领会习近平总书记关于人民防空的重要论述，切实把人防建设摆上位、自觉抓，带动各级各部门履行人民防空责任和义务，充分发挥“领导宣传”效应。

4. 人防宣传教育进党校

将人防宣传教育与领导干部培训相结合，依托党校采取专题讲座、观看录像、参观人防设施和宣传教育展馆（基地）、开展设点宣传活动、将人防宣传书籍放入党校图书馆等多种方法、措施，全方位开展人防宣传教育，从而达到干部带头理解、支持人防工作的目的。

5. 人防宣传教育进网络

适应全媒体时代发展要求，统筹人民防空的政务活动宣传、政策法规宣传和科普知识宣传，充分发挥市、区、街镇各级人防部门的主体作用，利用防空警报试鸣、全民国防教育日等重要活动和时间节点，统一部署实施、统一策划设计、统一制作发布，充分发挥各级政务网站、微博、微信公众号等官方媒体和腾讯、抖音、B 站等新媒体平台，依托各级全媒体传播体系平台，进入主流媒体平台和各类公共宣传阵地，开展人民防空集中宣传和日常宣传，扩大人防宣传教育影响和覆盖面。

6. 人防宣传教育进企业

将人防宣传教育与企业安全教育相结合，对接企业文化开展人防知识宣传教育活动；为企业配备人防宣传教育光盘、宣传资料及人防技能专用训练器材等；建设人防宣传栏，定期更换宣传内容；组织企业员工参观人防设施和宣传教育展馆（基地）；利用企业自办的广播站、报纸和企业微博、公众号等资源，进行宣传教育；指导企业制定防空袭方案和应急抢险方案，组织防空袭演习演练，使企业员工掌握基本的人防知识技能，提高人防意识和自救及抢险救灾的能力。

7. 开展民众人防宣传教育“六进”的创新性方法和手段

一是把握全媒体传播特征。统筹网上网下、内宣外宣资源，健全市级人民防空宣传内外协作的融媒体平台。加大与社会专业机构、专业团队合作联动，创作人民防空宣传产品。对接中央媒体和市级媒体，与主流媒体、新兴平台建立合作关系和推送机制，做到精准发力、广为发布。二是拓展专群结合的宣传阵地。依托各级民防科普教育馆，打造专业实训基地和网上科普平台，丰富基本陈列，创新临展与特展，提高吸引力和参与度。依托地铁、公交站点等公共宣传载体，开辟城市人流密集场所人防公益宣传实体平台，拓宽宣传渠道和途径。三是拓展公益性的社会平台。加强与绿化市容、景观灯光管理中心、市场监管等部门联系，建立区域内市场化商业广告平台公益性使用的协调机制，利用区域内公园绿地、商业街区和电梯厢、电梯间等公共场所的宣传栏、广告牌、显示屏等宣传平台资源，整合各类商业和公共宣传平台资源，形成人防公益宣传合力。四是善用社区宣传载体。充分利用街镇、居村委、居民小区现有社区文化活动中心、党群服务站点、居民活动室和居民小区的宣传栏、广告牌、显示屏、民防工程、应急避难场所、人防疏散基地以及社区报刊等宣传平台和载体，围绕人防知识科普宣传、人防专业政策咨询和民众防护技能指导等内容，推进社区人民防空宣传活动的经常化、制度化和规范化。

5.2.2 社区人防宣传教育

社区作为联系、服务和组织群众的基础平台，人防工作融入社区治理、建强社区阵地，提升组织和动员能力，对构筑适应超大型城市发展需求的现代人民防空体系具有重要意义。近年来，随着国家安全形势发生深刻变化、社区治理结构发生深刻变革、国防动员和人防战备要求发生深刻变动，传统的社区人防工作方式已不能完全适应发展需求、符合群众需要。对此，上海民防积极适应形势变化，认真践行“人民城市人民建，人民城市为人民”重要理念，牢牢把握人防工作的根本属性是人民性，顺应社会治理发展趋势和政府职能转变要求，研究出台社区人防治理的新的法规文件，创新社区人防治理、夯实人防基层基础，做实群众“家门口的人防”，切实提高人民群众的幸福感、获得感、安全感。

社区人防宣传教育是开展社区人防治理的重要手段，是推进城市基层治理和精细化管理、守护城市安全运行、保障人民生命财产安全、筑牢城市安全底线的一项基础性工作。社区人防宣传教育坚持以习近平新时代中国特色社会主义思想为指导，深入贯彻“人民防空为人民，铸就坚不可摧的护民之盾”的要求，努力践行人民防空平时造福人民、战时保护人民的宗旨意识，扎实履行人民防空“战时防空、平时服务、应急支援”的职责使命，不断推进人防工作向社区拓展、向基层延伸、向群众靠近，推动社区人防工作高质量发展，全面提升基层社区民众防护救援能力和守护城市安全底线能力。

1. 社区人防宣传教育对象

《中华人民共和国人民防空法》规定：“国家开展人民防空教育，使公民增强国防观念，掌握人民防空的基层知识和技能。”“国家人民防空主管部门负责制定人民防空教育计划，规定教育内容。在校学生的人民防空教育，由各级教育主管部门和人民防空主管部门组织实施；

国家机关、社会团体、企业事业组织人员的人民防空教育，由所在单位组织实施；其他人员的人民防空教育，由城乡基层人民政府组织实施。”“新闻、出版、广播、电影、电视、文化等有关部门应当协助开展人民防空教育。”可以说，社会民众就是社区人民防空宣传教育的对象。接受人民防空宣传教育既是社区民众的一项法定义务，也是一项重要的公民权利。

2. 社区人防宣传教育内容

人民防空宣传教育是一项全民性的工作。由于人们的社会分工不同，社会责任不同，所承担的人民防空义务也不同，因而要针对不同对象，确定不同的宣传教育知识技能。社区人民防空宣传教育主要对在社区居住生活的社会民众，开展针对性的战时人民防空疏散演练和自救互救等知识技能培训。

1）国防观念宣传教育

国防观念，是人们对于国家防务的基本认识及其所产生的保卫国家安全、履行国防义务的思想意识，是民众从事国防活动的思想基础。加强国防教育，使民众增强国防观念，是保卫国家安全的重要条件。在人民防空宣传教育中进行国防观念宣传教育，可以使公民在增强国防观念的同时，增强人民防空意识。当前，进行国防观念宣传教育，应着重认清“三个关系”、树立“三个观念”，即正确认识战争与和平的关系，国防现代化与工业、农业、科学技术现代化的关系，“国富”与“国强”的关系；牢固树立国家利益高于一切的观念、居安思危的观念和爱军习武的观念，使民众更多地了解和掌握国防知识，发扬爱国主义精神，自觉履行国防义务。

2）人民防空法规宣传教育

广泛深入持久地进行人民防空法规宣传教育，是人民防空宣传教育的一项重要任务。人民防空法规主要包括《中华人民共和国人民防空法》及各种人民防空条例、细则，以及地方性人民防空规章等，这些都是我国人民防空建设的基本依据和行动指南。人民防空法规宣传教育，是整个人民防空宣传教育的重要组成部分。

人民防空法规充分体现了党中央、国务院、中央军委关于人民防空建设与斗争的路线、方针、政策，代表了广大人民群众的根本利益。因此，面向民众开展人民防空法规宣传教育，是法律赋予我国公民的基本权利与义务之一。广泛开展人民防空法规宣传教育，不但有利于广大人民群众增强人民防空的法律意识，而且还有利于人民群众了解和掌握自己的责任、权利和义务，懂得应当做什么、怎么做。同时，还有利于广大人民群众平时积极支持、自觉参与人民防空建设，战时勇猛顽强地投入人民防空行动。毫无疑问，全国人民的人民防空法律意识强化之际，也是我国人民防空事业兴旺发达之时。

3）人民防空基本知识宣传教育

加强人民防空基本知识宣传教育，了解和掌握人民防空的基本知识，是我国公民的责任、权利和义务。人民防空基本知识宣传教育主要是普及性的宣传教育，其内容包括以下方面。

(1) 空袭特点与规律。从世纪之交爆发的海湾战争、科索沃战争和伊拉克战争看，无论是战争的规模、形态，还是作战样式、作战方法等，都发生了重大变化，空袭已成为信息化条件下局部战争的主要样式。对人民群众进行空袭特点与规律的宣传教育，有利于民众加深对空袭特点与规律的认识，增强信息化条件下防空袭斗争的针对性。

(2) 警报信号。主要是教育社区民众了解和掌握人民防空警报信号、人民防空标志、行动方向等的识别方法以及通信联络方法等，以便战时能快速反应，有条不紊地采取防护措施和行动。

(3) 防护的措施和方法。主要是教育社区民众了解和掌握核生化武器及其防护、高技术常规武器，特别是精确制导武器的毁伤特点和防护方法。教育人民群众学会判断重点目标，并能在接到空袭警报时迅速离开重点目标，及时疏散掩(隐)蔽。了解信息化条件下现代空袭的“新三防”(防精确打击、防信息攻击、防侦察监视)的方法与措施以及防护空袭所带来的次生危害、消除空袭后果的方法等。此外，还要教育人民群众了解和掌握集束炸弹、贫铀炸弹、石墨炸弹、电磁脉冲弹等特种弹药的毁伤特点与防护措施等。

4) 人民防空基本技能教育

加强人民防空基本技能教育，使社区民众全面掌握人民防空基本技能，是《中华人民共和国人民防空法》规定所要达到的基本目标，也是人民防空教育的重点。人民防空基本技能教育主要包括自我防护技能、公众防护技能与心理防护等。

自我防护技能是指在应急情况下，民众为避免或减轻空袭危害而采取的自我防护方法与措施。其内容通常包括个人防护标志识别、隐蔽动作、自救互救、应急呼救和紧急逃生要领等。

公众防护技能是指在应急情况下，人民群众为避免或减轻空袭危害而采取的集体防护方法与措施。其内容主要包括抢险抢修、扑灭火灾、传递信息、设施保护等。

心理防护是指人民群众在人民防空斗争中，针对敌方心理威慑和心理战所采取的保持正常心理的措施。人民防空心理防护教育，主要是为了使民众牢固确立敢打必胜的信心，采取积极的防空心态，认真贯彻上级指示和作战方针、政策，学习人民防空技能，做到明辨是非、同仇敌忾、英勇顽强、处乱不惊，达到防范和减轻空袭危害的目的。

此外，在进行人民防空教育的同时，还可结合当时、当地的客观实际，进行必要的防灾减灾救灾知识与技能的教育，强化民众的防灾减灾救灾意识，了解防灾减灾救灾知识，提高抢险救灾能力。

3. 社区人防宣传教育的原则

社区人防宣传教育坚持以“人民至上、生命至上，平战结合、融合发展，突出重点、分类实施”为原则，立足实际、面向基层社区、贴近群众生活、聚焦防护重点，充分发挥社区党委领导、政府负责、民主协商、社会协同、公众参与、法制保障、科技支撑的积极作用，以强化社区民众防护体系建设为导向，以提升基层社区民众防护治理能力为目标，细化实化社区人防基础工作，促进形成社区人防机构机制健全、疏散掩蔽落实、设施设备配套、宣传教育完善的社区人防宣传教育工作新格局。

4. 社区人防宣传教育的形式

社区人防宣传教育要充分利用防空警报试鸣日、国防教育日、防灾减灾日和国际民防日等重要时机节点，通过举办新闻发布会、知识讲座、知识竞赛、法律咨询、演习演练、街头宣传以及公益广告、标语、宣传橱窗、展览、板报、印发宣传材料等形式，集中开展社区人防宣传教育活动。有条件的可组织人防宣传演出，参加各类文艺体育活动，广泛借助其他平台宣传人防。

社区人防宣传教育要坚持经常性与集中性、全面性与重点性、长期性与阶段性相结合，充分体现灵活性。注重运用多种表现形式立体展示，新闻报道与文艺创作相结合，文字、图片、声音、图像综合运用，大力增强多样性。充分采用多媒体技术和现代传媒技术，发挥电视媒体声像结合、形象生动的优势和互联网报道迅速的特点，不断提高实效性。

社区人防宣传教育要坚持“贴近群众、贴近基层、贴近生活”，努力提高人防宣传教育的艺术水平和效果。要适应新时期社区人防宣传教育的特点，根据不同对象的心理状态、思想文化素质、欣赏水平和接受能力，有针对性地开展社区人防宣传教育。要讲究宣传技巧，善于从群众最关心、同群众利益最密切的问题入手，善于用事实说话、用典型说话、用群众熟悉的语言和喜闻乐见的方式开展宣传，融人防宣传教育的思想性、科学性、知识性、趣味性为一体，增强人防宣传教育的说服力、吸引力、感染力，使社区人防宣传教育生动活泼、深入浅出。

5. 社区人防宣传教育的手段和方法

社区人防宣传教育要在巩固扩大人防宣传教育阵地的基础上，创新拓展方法手段和平台载体。社区人防宣传教育充分利用大众媒体开展活动。加强与宣传、文化主管部门和大众媒体单位的联系，研究制定宣传教育的制度规定，建立协调机制，健全完善共同开展人防宣传教育的网络，联合开展各种形式的宣传教育，每年组织开展 1 次以上有一定规模和声势的专题宣传活动，切实做到电视有影像、电台有声音、报刊有文章，使人防宣传教育经常化、制度化，广泛深入持久地进行。

社区人防宣传教育要充分利用社区文化活动中心、民防工程、疏散基地等公共场所，建立集人防知识教育和人防技能培训功能于一体的社区人防宣传教育基地。依托爱国主义教育、国防教育、防灾减灾教育基地和学校教学教育设施及其他有关公共场所，开展人防宣传教育活动。制定社区人防知识教育和技能培训计划，定期安排举办不同层级、规模、形式、内容的培训班。结合社区实际和需要，定期举办人防知识教育专题讲座。要把人防宣传教育与文明社区、平安社区建设结合起来，借助其宣传教育阵地、手段，开展人防政策法规宣传和知识技能教育。

6. 社区人防宣传教育的保障措施

1）切实加强社区人防宣传教育工作的组织领导

一是提高对社区人防宣传教育工作的认识。加强和改进社区人防宣传教育工作，各级人防部门的领导要关心、重视和支持社区人防宣传教育工作，要明确一名领导分管宣传教育工作，要进一步强化宣传意识、阵地意识，增强责任感、紧迫感，提高自觉性、主动性，切实把宣传工作摆到位置、纳入日程，安排专项经费，为社区人防宣传教育工作创造良好条件，不断提高组织指导人防宣传教育工作的水平。二是加强社区人防宣传教育机构和队伍建设。要加强社区人防宣传教育规范建设，明确工作职责；要健全社区人防宣传教育队伍，安排具有宣传教育专长的干部从事宣传教育工作，在数量上要能满足开展工作的需要，并保持相对稳定；要加强社区人防宣传教育人员的培训，不断提高综合素质和能力。三是抓好社区人防宣传教育工作规划。要把社区人防宣传教育纳入人防工作的总体规划，统筹安排，制定专项计划，确定一定时期内宣传教育的目标、任务、内容和方法，明确具体的对策措施，抓好贯彻落实。要加强对社区人防重大活动、重要任务宣传教育的筹划，集中力量，重点保障，取得实效。

2）健全完善社区人防宣传教育的长效机制

一是建立协作配合机制。各级人防部门要加强与宣传、教育等主管部门单位的协作配合，建立联席会议、联合发文、联合组织、联合宣传等制度规定和办法，充分发挥各自的职能和优势，共同推进社区人防宣传教育工作。二是建立整体联动机制。各级人防部门要明确主管机构和人员，加强社区人防宣传教育工作的沟通、交流和协调，整合宣传、教育资源，实现信息共享。要加强建章立制工作，健全完善宣传、教育、培训等规范制度，明确职责，理顺关系，规范行为，推进社区人防宣传教育工作逐步走上制度化、规范化轨道。三是建立考核评价机制。要把社区人防宣传教育纳入年度工作目标考评体系，制定绩效评估标准和考核办法，明确责任。要制定奖励办法，对在宣传教育工作中做出突出成绩的单位和个人进行奖励。

5.2.3　学校人防宣传教育

人民防空知识和技能是国防教育的重要内容，也是学校开展人防知识教育和学生思想品德教育的重要内容。国防是立国之本，国防观念是民族精神的一种体现。开展人防知识教育，能大大激发学生的爱国热情，增强建设祖国、保卫祖国的责任感和使命感，使广大在校学生提高品德素质，提高学习科学文化知识的自觉性。开展人民防空知识学习，使广大学生掌握基本的防护手段和方法，战争一旦来临，运用所学的人民防空知识和技能进行有效的自救互救，将大大减少战争伤亡，有效地保存战争潜力，从而提高人民防空的整体防护能力，增强国防实力。

1. 学校人防宣传教育对象

在校学生是学校人防知识和技能宣传教育的主要普及对象，按照年龄可以分为小学、初中、高中、大学四个阶段。在学校开展人防教育，既是贯彻落实中央有关人民防空的一系列重要文件要求的重大措施，也是落实人民防空法律法规的实际行动。普及人防教育的突破口在学校，学生是祖国的未来，也是人防力量的来源和基础。学校应当担负起自己的使命和责任，做好学生人防教育普及工作，指导学生掌握人防基本知识和技能，这既是对学生综合素质的培养和锻炼，也是对未来社会的安全和国家的发展负责。接受了人防教育的学生，将成为全民普及人防教育、提高人防意识的火种，带动全民人防教育的普及与开展，最终形成全社会关注人防、宣传人防的良好氛围。

2. 学校人防宣传教育内容

人防是一门综合性的学科，具有鲜明的思想性、丰富的知识性、显著的实践性等特征。根据《上海市人民政府办公厅关于本市加强中小学幼儿园安全风险防控体系建设的实施意见》《教育部基础教育司关于做好 2019 年中小学生安全教育工作的通知》《上海市教育委员会关于做好 2019 年中小学生安全教育工作的通知》的内容和要求，新时代人防知识教育的内容将随着人防机构职能的变化而变化，突出战争灾害的防护，聚焦人民防空知识与技能的宣传教育，其基本内容如表 5-1 所示。

表 5-1　　新时代学校人防教育的对象与课时

对象	课时数	教学模块
小学	无课时要求	人民防空常识
		防空袭行动常识
		防空袭基本技能训练

（续表）

对象	课时数	教学模块
初中	10学时	人民防空基本知识
		现代空袭的人员防护
		民防工程
		核化生武器及其防护
		学生空袭心理防护
		防空袭基本技能训练
高中	10学时	现代空袭与人民防空
		现代人民防空行动
		核武器及近似灾害的防护
		化学武器及近似灾害的防护
		生物武器及近似灾害的防护
		防空袭基本技能的训练
大学	12学时	现代战争与防御
		现代人民防空体系
		核化生武器威胁及对策
		战时民众心理防护
		城市人民防空的准备
		防空袭基本技能的训练

3. 学校人防宣传教育的指导思想和基本原则

以习近平新时代中国特色社会主义思想为指导，忠诚履行"战时防空、平时服务、应急支援"的任务要求，依据《中华人民共和国人民防空法》《中华人民共和国国防教育法》和《上海市民防条例》等法律法规及教育部、中央军委国防动员部《普通高等学校军事课教学大纲》《普通高等学校军事课建设标准》有关要求，组织开展以人民防空为核心内容的人防知识教育，实现大、中、小学生人防知识教育的全面普及。通过普及教育使学生树立国防观念，增强人防意识，掌握必要的人防知识技能，提高学生的自救互救能力，有力保障学生身心健康和生命安全。

学校人防知识教育应遵循长期坚持、循序渐进、全面普及、注重实效的原则，与国防、消防、地震、公共卫生、社会安全教育等兼容互补，通过集中教育与经常教育、普及教育与重点教育、理论教学与技能训练相结合的方法，针对不同对象采取相应的教学内容和教学方法，分类组织实施，达到良好的教育效果。

4. 学校人防宣传教育的实施途径与基本方法

1）纳入教学计划

人防知识是学生的必读知识，各级教育管理部门要把学生人防知识教育纳入工作计划，做到有布置、有检查、有总结。各学校可以按照专题教育课程的要求落实人防知识教学工作，确保教育效果。

2）落实教学课时

学校人防知识教育应由浅入深，循序渐进，不断强化。教育以课堂教学为主渠道，并结合民防相关科普基地、民防工程等场所开展。中小学生人防知识教育可以安排在专题教育课程中组织实施，也可结合每年重要节日和时间节点通过活动形式开展。如上海市每年在全民国防教育日期间组织在全市学校开展“上一堂人防主题课，开展一次人防主题宣传活动，结合警报试鸣组织一次人防疏散演练”的“三个一”主题活动。大学人防知识教育可以与大学生军训、国防教育、爱国主义教育和国际形势教育等相结合。

3）采取多层次教学

根据学生身心特点，人防知识教育应将科学性与实用性相结合、层次性与递进性相结合、理论性与技能性相结合、课堂教学与社会实践相结合，充分运用现代教育技术手段进行教学，达到生动、形象、直观的效果。小学生主要以模拟、看图、游戏为主；初中主要以课堂知识讲授、操作实践和参观体验为主；高中生、大学生主要以课堂知识讲授、训练体验和情景模拟为主。同时，可以通过举办主题班会、成果展示、专题讲座、征文比赛、运动会、知识竞赛等多种形式开展人防知识宣传教育。

4）开展丰富多彩的实践活动

实践活动形式多样，强调学生亲身参与，更能激发学生的学习兴趣。实践活动包括组织各类竞赛，如人防知识竞赛、演讲比赛、人防宣传品设计比赛、个人防护器材制作、急救包扎等小型比赛。学校还可以定期组织国防形势分析报告会、观看国防教育片、参观民防工程、组织紧急疏散演练等。有条件的学校还可以成立民防志愿者社团，以社团的形式组织学生进行培训和人防演练。通过实践活动，让人防知识走出书本，真正变成与学生的生活和家庭密切相关的实用知识，更利于人防在学校、社会的普及。

5）开展人防演练

学校应根据校园与校建民防工程的实际，在人防部门的指导下，制定学校防空防灾应急预案，配置相关人防训练器材。利用升旗仪式、广播操等集体活动，积极开展有针对性的人民防空应急疏散演练，使师生熟悉学校周边环境、民防工程及避难场所，掌握避险、逃生、自护自救的方法。

6）通过学科渗透开展人防知识教育

由班主任、科任老师、思想品德、科学、体育等教师专门或通过学科渗透进行专业知识教学。例如，人防教育结合在物理学科中的“能源”“热传递”等章节，有机结合人防知识组织教学；在历史学科中，利用历史上发生的空袭、核武器、生化武器等战例来辅助教学；在劳技课上，开展制作简易防护器材活动，在让学生熟练掌握制作方法的同时，鼓励他们动手动脑，勇于创新，使学生既加深对课本知识的理解，又增长实践的知识，开阔视野。

7）加强宣传教育，营造学习氛围

学校悬挂宣传人防的宣传画，利用班会课、国旗下讲话、黑板报、橱窗等宣传教育的主阵地，对学生和教师进行人防知识的宣传工作。使全校师生在知晓人防知识的同时，对人防工作的意义和重要性有一定的认识，便于人防意识的深入人心。

8）与各类主题教育相结合

将人防教育工作与国防教育、安全教育、防灾减灾教育、消防逃生教育、集体主义教育以及文明育人等有机结合。结合各种主题教育的特点和特色，嵌入人防教育的知识内容，使学生在主题教育学习中，渗透人民防空的意识，并提高人防知识教育的视野和能力。

5. 学校人防宣传教育的保障措施

1）经费保障

人防知识教育是学生综合素质教育的重要内容之一，各级行政管理部门要在年度业务工作经费中安排必要的人防知识教育经费。各学校要在年度教育经费中安排一定的人防知识教育经费，确保人防知识教育工作顺利开展。人防课程日常教学活动经费由学校自行负责。人防主管部门补助的专项经费主要用于人防课程教学教研活动、器材与资料购置、组织参观与竞赛等活动，实行专款专用。教育和人防主管部门负责组织的师资培训、综合演练、观摩交流、教学研究等专项活动，所需经费列入教育和人防主管部门每年度项目预算保障中。

2）师资与师资培训保障

人防教师要选配政治思想好、热爱人防教育事业、具备一定人民防空专业素质的人员担任，各高校军事教研室与人防部门要组织好人防教师的业务学习，定期开展教研活动，提高教师的理论水平和实际操作能力。对于中小学，各级教育和人防主管部门要通过开办培训班、组织教研活动、交流学习、参观人防教育培训基地等形式，加强人防教育专兼职教师培训工作。市级教育和人防主管部门共同编写人防教师培训大纲与考核体系，以及委托第三方教育培训机构，常年开设人防师资培训课程并组织考核，提高人防师资培训的质量。

3）教材与教学资源保障

教育和人防主管部门共同组织编写学生人防知识教育教材以及相关的教学资料，建设一套系统性的人防知识课程资源，满足学校教学和训练的需要。各学校应选用教育和人防主管部门的统编教材，并在图书馆设立人防知识书架，将高等院校的人防知识教学内容列入军训教材。有条件的学校可根据本校实际情况，配置或开发具有校本特色的人防知识教育图文资料、教学课件、音像制品等教学资源。为确保学生的学习需求，各学校图书馆应购置与人防相关的报纸、期刊和书籍，供学生借阅。

6 战时防空

6.1 职责任务

6.1.1 目的意义

履行“战时防空”职能是人民防空的主责主业，要求人防部门战时为应对敌空袭，有效组织实施“鸣走藏消”等人防行动，完成重要目标防护和人员防护；平时加强组织指挥、通信警报、防护工程、队伍力量等人防战备建设。各级人防部门切实履行好、落实好战时防空职能，建设和完善现代人民防空体系，对于保护国家和人民生命财产安全，实现社会主义现代化建设目标具有现实和长远的战略意义。

6.1.2 建设内容

对标实战标准，全面落实城市防护要求，以重要目标防护和人员防护为重点，聚力科技赋能强防铸盾，切实加强人防核心能力和新质战斗力建设，建成符合人民防空功能定位、与现代战争形态演变相适应、与国防建设和经济社会发展深度融合的强大巩固的现代人民防空体系，是“战时防空”职能履行的根本任务。

一是健全人防组织指挥体系。着眼信息化条件下防空袭斗争需要，结合城市防空区、防空片区划分，完善覆盖市、区、街镇和重要经济目标单位的防空袭方案体系，并以方案为基础指导牵引人防战备建设和人防战时行动。分级建立指挥关系明确、指挥流程通畅的人防指挥机构，完善指挥体系信息系统建设，加强人防战备数据中心和人防组织指挥平台、人民防空预警报知系统、人防指挥控制系统、防护救援系统、综合保障系统、值班呼点系统等指挥通信应用系统的建设，强化应急通信能力，确保战时人防指挥高效实施。加强人防疏散基地建设，满足人防疏散行动需要。

二是健全人防规划体系。对标城市防护要求，对接城市建设总体规划和军民融合发展规划，以民防工程布局规划、重点区域人防设施建设规划为支撑，完善定位准确、边界清晰、功能互补、统一衔接的人防规划体系。加强人防规划与区域规划、相关专业规划的衔接对接，确保人防专业规划纳入国土空间总体规划、单元规划和控制性详细规划，进入国土空间系统，嵌入土地出让条件，融入城市地下空间同步开发利用。

三是健全民防工程防护体系。以规划引领完善民防工程布局和功能配套，推进民防工程统筹建设和集约建设，城市基础设施建设落实兼顾设防要求，探索创新市场化机制，吸引社会资金参与民防工程建设，打造平战结合、互联互通的民防工程体系。完善民防工程平战转换技术规范和标准要求，落实民防工程管理维护措施，推行民防工程分类分级监管，确保民防工程战时功能。

四是统筹推进重要目标防护和人员防护。坚持“军政共管、政府主导、部门监管、属地管理、齐抓共管、运转高效”的工作机制；制定落实重要经济目标分类分级防护制度标准，推行动态目录清单、数据库管理；组织制定各类各级重要目标防护救援预案，落实重要经济目标防护要求。不断完善人员疏散掩蔽方案，加强人员疏散基地建设，扎实开展民众防护宣传教育，常态化开展人员疏散掩蔽演练训练，切实提升城市人员防护能力。

五是完善人防专业队伍体系。适应新时期城市人口和人员职业特点，健全人防专业队编组标准和管理办法。融入基层社区治理，拓展区域力量协同，完善一体防护、一体救援协同联动机制，不断探索新型专业力量发现、整合、运用的新路子，强化志愿服务与人防防护救援相融建设，实现人防救援行动协同、人防专业队伍与社会救援力量合作、区域人防救援力量一体联动，发挥人防防护救援的最大效用。

六是完善人防法治保障体系。推进制度体系建设，规范和加强法规规章、行政规范性文件、行政管理类文件、技术规范和标准等各类各级制度的“立改废释”工作，推进形成内容完备、程序规范、管理健全的人防制度体系，为人防建设发展提供有力的法治保障和制度支撑。

七是建强人防科研体系。创新人防科技工作体制机制，推动建立以防护需求为导向、企业为主体、军地科研机构为支撑，政府引导、社会参与的产学研用协同创新体系。围绕军事斗争准备、高质量发展、军民融合、军民兼容等事关全局性、基础性、战略性领域，组织开展重大理论课题研究。瞄准现代科技发展前沿，深入研究人工智能、5G 通信、物联网、大数据、云计算等现代信息技术在人防工作领域的应用需求，在重要经济目标防护技术措施、民防工程智能化和信息化管理、指挥通信和警报设施升级改造、防护设备科技创新等方面加快新战法、新技术、新工艺、新材料等最新科技成果研究和推广应用，提升人防工作整体科技含量。

6.2 发展方向

信息化条件下，空袭具有过程全信息化、全天候、隐蔽突然、平台手段多样、时间短、危害大等特点，在城市防护方面，对组织指挥效率、防护设施抗毁能力、救援恢复能力等提出了更高要求。

人防体系从单一城市体系向城市群防空体系转变。随着空袭平台不断拓展和空袭兵器突防能力的快速提高，空袭力量可打击的范围不断扩大。同时，随着城市化水平的不断提升以及防护需求的加剧，单一城市的防护资源越来越不能全面满足自身需求，在战备物资的联合保障、战备力量的统筹运用、警报预警信息的对接处置、人员疏散的共同实施、人防指挥机制的有效协同等方面提出了新的要求。城市人民防空应当从单一的城市防空体系向城市群防空体系转变。要从城市群防空体系的建设要求出发，加强统一规划和预案建设，加强指挥体制一体化调整，加强指挥通信网络和警报网络的统筹和对接，加强专业力量统筹组建和任务分工，加强民防工程和疏散基地等设施的统筹布局，加强城市群机动通道和疏散保障的统筹和对接，提升城市群整体保障能力。

组织指挥从树状化网络向基于信息平台的扁平化转变，指挥末端不断延伸。随着信息化条件下空袭的突然性加大、精确性增强，对人防组织指挥的科学性和高效性提出更高要求，人民防空建设要更加注重整体规划和各要素单元的综合集成，将防常规武器袭击和防大规模杀伤武器袭击相结合、重点防护和全面防护相结合、被动防护和主动防护相结合、防精确打击和防传统空袭相结合、防“硬摧毁”和防“软打击”相结合、新技术防护和传统防护手段相结合、疏散与隐蔽相结合、集体防护和个人防护相结合、互救和自救相结合，完善和规范指挥机构设置、调整指挥关系、完善指挥通信网络，加强统筹和对接，加强指挥网络延伸和布局，加强重要目标单位和重要行业管理部门的指挥节点建设，实现预警报警、指挥控制、力量运用和综合防护的一体化，提升城市总体防护能力。

防护措施从传统手段向传统和现代相结合的手段转变。随着现代科技发展，微电子技术、航空航天技术、激光技术、精确制导技术、仿生技术、人工智能技术、软件工程技术、新能源技术在人防领域的运用，有力提升了人防建设与人民防空行动能力和防灾救灾能力。采用新材料、新技术，提高了人防设备设施的隐蔽、抗毁和再生能力；人防警报通信具有分布广泛、稳定高效等特点，为平时和战时防灾行动提供了良好的保障；人防的大型作业机械、新式装备群车加油、汽车维修检测方舱、多功能电子仪排障车、应急净水设备等民防高科技装备在关键时刻也显示了独特的功能。人民防空工程技术为地下空间建设提供了有效的经验。地下挖掘技术与装备的开发和利用，使人类可实现地下空间多层开发与利用，地铁、地下商场、地下车库以及敷设地下电缆、电线、煤气管道的共同沟道，既为平时公共交通提供了新型快捷方便的交通方式，也为各类灾害发生时的快速疏散提供了保障。

工作重点从重要经济目标防护向重要经济目标防护与人员防护并重的方向转变。十九大以来，党中央从战略高度提出了总体国家安全观要求，同时，随着国家经济社会的全面发展，对人民防空工作的需求也从保存战争潜力向保障城市建设的更高要求转变，国家对人民防空工作的重点提出了从重要经济目标防护向重要经济目标防护和人员防护并重转变的要求。人民防空建设要从落实“人民城市人民建，人民城市为人民”的理念出发，完善规划布局、调整建设计划、优化力量分配，加强对城市人口的教育培训。在措施上，要加强对人口密集地区的人员工程的配置，细化人口疏散方案和人员掩蔽保障工作，加强人防教育培训“六进”工作，提升城市人员防护能力。

7 平时服务

7.1 民防工程平战结合使用

民防工程建设是人防工作的重要组成部分。修建民防工程，不仅能提高城市的防护能力，同时能有力促进经济社会发展。改革开放以后，国家要求所有城市，特别是大中城市，都要按照平战结合、军民结合和人防工程与基建、城建相结合的方针，认真把民防工程建设好。所建民防工程，不仅战时能防备敌人的空中袭击，而且平时要使其能为生产和人民生活服务。1983 年 3 月，国家人防委员会、财政部联合下发《关于平时使用人民防空工程的若干规定》，要求各地利用人民防空工程兴办旅馆、餐厅、商店、医院、生产车间、物资仓库及文体活动场所等，取得了明显效果。这不仅增加了社会服务性设施，发展了经济，扩大了就业门路，同时还“以用促管”，加强了工程的日常维护管理。1999 年 8 月，《上海市民防条例》出台，规定民防工程平时由投资者管理，收益归投资者所有。平时利用民防工程不得影响其防空效能。平时利用民防工程的，应当自工程投入使用之日起十日内向市或者区、县民防办办理备案手续。

上海作为超大城市，土地资源日益紧张，城市可利用空间需求紧迫，空间供需矛盾在一定程度上影响、制约着上海经济社会发展，地下空间资源开发利用需求十分迫切。作为地下空间资源的重要组成部分，民防工程在保证战时使用效能的前提下进行开发利用，有利于缓解人口密集与地面交通拥堵的矛盾，有利于促进资源的优化配置，有利于经济社会的可持续发展。截至 2021 年 5 月，全市民防工程用作机动车库约占 60％、非机动车库约占 18％、仓储约占 6％、商业及办公约占 1％，其他为零星使用业态。

7.1.1 经营性使用

国家鼓励平时利用民防工程为经济建设和人民生活服务。1980 年 11 月 11—26 日，全国人民防空领导小组为总结推广民防工程平时开发利用先进经验，在上海召开了全国人防平战结合参观学习会议。各级人防主管部门充分发挥人防工程的平时服务功能，使人防工程建设的战备效益、社会效益和经济效益取得了很大成果，把人防建设的平战结合推向了一个新水平。

根据《上海市民防工程建设和使用管理办法》规定，民防工程的权属人可以采取多种形式使用民防工程，但不得影响民防工程的防护效能，并且应该符合有关消防、治安、卫生、房地等方面规定，用作经营场所的，还应当符合有关市场监管、物价、税收等方面的规定。当前，上海地区民防工程开发利用的主要业态有商场、停车库、存储、办公等。如位于人民广场区域的迪美商城和香港名店街即为开发利用的民防工程。上海迪美购物中心坐落在本市人民大道 221 号，是由上海市民防办公室投资建造的市属民防工程，为平战两用设施(图 7-1)。项目毗邻繁华商业购物中心——来福士广场，与上海政府办公大楼仅一街之遥，与地铁 1 号、2 号、8 号线的站台相连，周边分布主干道南北高架路，交通十分便利。该民防工程总面积约 44 160 m^2，分地下一层和地下二层，迪美购物中心位于地下一层，平时作为商业用途，建筑面积 22 106 m^2，于 1995 年 12 月 22 日开业，营业面积约 11 000 m^2。地下二层为停车场库，建筑面积约 22 054 m^2，于 1995 年 5 月开业，设有车位约 600 个。随着互联网的快速普及、电子商务的迅猛发展，近几年，迪美购物中心开始逐步进行战略性调整，由传统百货整体向多元化的现代购物中心转型，以时下 12～35 岁的年轻消费者为主力受众人群，塑造以“酷、乐、潮、玩”为核心的极具体验、互动、娱乐性的商场形象。

随着经济社会发展，人防工程平战结合更好地服务社会经济发展的政策不断调整优化。2016 年，国家出台了人防工程使用费由行政事业性收费调整纳入国有资源(资产)有偿使用收入管理的政策，明确应由市场来决定资源的分配，由市场来决定工程使用权的归属，通过市场的价格、供求、竞争的作用，让人防工程在确保战备效益的前提下有偿使用，发挥其最大的经济效益和社会效益。

图 7-1　迪美购物中心

7.1.2 公益化使用

近几年来，各地人防部门在推进人防工程市场化使用的基础上，适应城市建设管理和人民群众的需要，还积极将人防工程无偿提供给社会使用，让老百姓切身感受到人防建设红利。在这方面，上海市民防办公室进行了积极的探索，着眼于政府关注、百姓期盼、社会影响的“急、难、愁、困”问题，在确保民防工程防护功能符合战时要求的前提下，综合发挥民防工程战备效益、社会效益，通过不断挖潜改造，鼓励支持公用民防工程公益化使用，出台鼓励政策，制定《上海市公用民防工程（含退出序列民防工程）公益化使用指导意见》，在政府网站公布面向社会开放和面向居民小区开放的公用民防工程名录，同时，结合“民心工程——停车难综合治理工程”，出台《关于利用公用民防工程（含退序工程）积极支持并参与停车难综合治理工作指导意见》，指导各区开展相关工作。

截至 2021 年 8 月，上海市共有 13 个区 214 个公用民防工程（含退序工程）实施公益化使用，建筑面积约 18 万 m^2。公益化使用业态涵盖了非机动车库、机动车库、仓储、办公用房、活动用房、教育场馆、特殊用房（含设备用房）等7 大类。徐汇、长宁、普陀、虹口等区，勇于创新突破，通过合理改造、社区共建、多部门协调等方式，将公用民防工程（含退出序列工程），用于地下综合管廊、社会面智能安防运维中心、社区公共活动空间、小区居民停车库等，不仅有效地解决了民防工程平时空置的情况，也在一定程度上缓解了城市发展过程中的一些矛盾，取得了良好的社会反响。

如徐汇区肇嘉浜路民防工程（已退出序列）被改建为新型缆线管廊，在沉寂多年后重新发挥作用；长宁区仙霞路内民防工程被改造为公共活动空间——“闲下来合作社”，解决了虹仙居民区公共活动空间少的问题，成为社区邻里共享客厅和青年创业创新者的文化阵地（图 7-2）；长宁区仙霞路 579 弄内民防工程被改造为社会面智能安防运维中心，设置了智能安防宣传、应用场景体验、运维中心办公等功能区，体现了智能安防纳入城市运行“一网统管”的建设成果；静安区石门二路恒丰南楼的民防工程，建成于 1993 年，闲置多年，静安民防将其开发建设成自助式微仓，通过租赁方式对外使用，服务了当地的经济发展和社区民生；普陀区曹杨街道金梅园小区的民防工程，建设于 20 世纪 70 年代，被改建成下沉式广场，设置民防景观雕塑、宣传墙、空袭隧道、逃生训练及知识问答器等趣味性建筑设施，拓宽小区居民的活动空间；普陀区将 20 世纪 60 年代建成的老旧防空洞改造成具有民防特色的创意馆，使莫干山路 M50 创意园成为一座结合民防文化和艺术创意的地标性精品建筑，开放后立即成为附近的网红打卡点，同时发挥着宣传效益和教育的功能；虹口民防将部分公用民防工程提供给街道、居委用作党群服务和社区活动场所；杨浦、闵行等区的某些民防工程被改造成民防科普教育馆等。

同时，推动市委、市政府“民心工程”实事项目落地，在徐汇区华石路绿地下投资建设的公用民防工程结合规划新建优化布局后增设停车设施；在虹口区广灵四路，结合小区美丽家园建设和民防工程防护设施改造业态调整，增设停车设施；在杨浦区江浦路，民防工程充分挖掘其空间潜能，引入社区共治，实行错时停车，缓解周边居民停车难的问题。

图 7-2　长宁区仙霞路民防工程——“闲下来合作社”

7.2　人防指挥通信系统平战结合使用

7.2.1　人防指挥通信系统基本组成

为积极适应信息化条件下城市防空袭需要，各级人防部门基于信息系统的综合防护体系建设要求，依托信息通信技术，建立了统一指挥、快速反应、协同作战的指挥通信系统，全面提升人民防空组织指挥的网络化、可视化、智能化水平。指挥通信系统主要包括指挥所、通信系统和信息系统三部分。

人防指挥所是党政军领导战时组织指挥防空袭行动的指挥场所，具备较强的防护能力和良好的外部环境，装备了信息化的指挥通信要素和稳定可靠的指挥信息系统。近年来人防部门已建成基本与预备、地面与地下、固定与机动相结合的指挥场所网络，实现跨区域联通，指挥效能大大提高。

人防通信系统是人民防空信息系统的基础设施，保障战时人民防空指挥通信联络。各级人防部门已基本建成无线通信、有线通信、卫星通信和网络通信等集成的多网系、多路由、多手段的指挥通信系统。

人防信息系统是运用信息技术手段，实现人防指挥通信自动化、辅助决策程序化、控制平台一体化、要素管理智能化的信息管理系统，能实现人防资源优化配置和力量整合，为城市人民防空行动和组织指挥提供信息保障。

7.2.2 人防指挥通信系统的平时应用

人防指挥通信系统除了战时为实施人民防空组织指挥提供通信信息保障任务以外，平时可应用于训练演练、会议保障、通信联络和安保服务等工作。各类人防指挥所和指挥通信系统可以为城市突发事件应急处置、重大活动安全保卫等提供指挥场所和应急通信保障。面对自然灾害、公共卫生、安全生产事故等，各地都在积极利用人防部门建成的安全可靠、设备设施先进、保密性能好、互联互通功能强、通信手段多样的指挥所和通信系统，为政府部门应对灾害和突发事件处置提供指挥通信保障能力，为市民提供便捷的紧急救援服务。上海市民防办在这方面积累了大量的成功案例。2003 年，市政府利用上海民防指挥所紧急开设防治非典型肺炎指挥部，统一指挥和协调全市的“非典”防治工作。上海市民防办公室领受任务后，迅速启动应急预案，承担 24 小时指挥保障工作，直至抗击“非典”战役取得胜利。2008 年年底雪灾时铁路交通受阻，上海南站滞留大量旅客，上海徐汇人防机动指挥所（车）开赴上海南站广场，利用车载的多种通信设备和现场图像监视设备保障相关工作。2010 年 5 月上海世博会期间，上海市人防机动指挥所（车）投入世博会安保服务工作，24 小时在人员密集的出入口备勤值班，随时待命承担世博安保指挥和应急处置任务，一旦发生突发事件，确保第一时间赶赴现场，提供应急处置指挥保障。2018 年第一届上海国际进口博览会举办以来，上海市人防预备指挥所已连续四年作为上海国际进口博览会生化救援和防护救援专业队的驻点基地，承担应急通信和后勤保障服务工作。2020 年年初，突如其来的新冠疫情肆虐，上海人防机动指挥车（所）开进上海火车站南广场，为 24 小时轮流顶岗的卫生防控志愿者提供医疗物资存放和临时现场办公工作场所，在疫情防控的第一线发挥了重要作用。

街镇人防指挥所是人民防空工作向基层的延伸，更直接地服务于民众。目前上海人防街镇指挥所实现了与区级人防指挥所的互联互通，许多人防街镇指挥所平时作为街道乡镇的城市运行和网格化管理指挥中心，视频会议系统承担街道乡镇突发事件应急处置和日常工作会议保障任务。

人防信息视频会议系统可根据工作需求分别通过公务网、政务外网、人防专网等进行视音频通信、召开视频会议，可为各级政府部门提供一个良好的沟通、协作和交流的通信平台。并逐步开展各类业务的远程教育培训、突发事件现场视音频传输、应急指挥调度，实现各种文件和精神及时、快捷传达的目的。

人防高空监视系统是人防部门在人员密集区域、重要经济目标单位周边设置的高空防空监视网点，安装高清监测设备，搭建基于地理信息系统的监视平台，将视频监控资源通过平台与公安雪亮工程进行联动和共享资源，可实现对重要经济目标、城市重要部位、重要人防工程等区域的全天候、全时域监控，在完善社会治安防控体系和提升城市治理水平等方面发挥了重要作用。如上海民防办公室的世博车载系留气球监测系统作为防空防灾监视网的浮空监测平台，曾经为世博安保等提供了高空监控服务，被誉为“上海空中哨兵”(图 7-3)。

2013 年，上海市民防办公室与上海市环境保护局共同合作，研究利用世博车载系留气球浮空平台搭载环境监测设备，建立了一套适用于涵盖 $PM_{2.5}$ 等大气环境监测因子的系留气球垂直观测平台，它可以在不同的高度(最高升至 1 600 m 高空)上进行一定时间的滞空监测，研究高空细颗粒物的主要理化特性和垂直分布特征，为大气污染防治工作提供技术依据，对城市环境和空气污染减排工作具有重要意义。

图 7-3　上海民防车载系留气球

8 应 急 支 援

8.1 防空警报系统

8.1.1 目的意义

防空警报系统作为城市人防设施的重要组成部分，在战时通过发放预先警报、空袭警报和解除警报信号，引导群众顺利采取相应的防空袭行动。经过多年建设，防空警报信号覆盖面大，具备点对点、点对面的集中控制能力；同时，防空警报系统是政府建设管理和发布警报信号的系统，其发放警报信号具有权威性和公信力。《中华人民共和国人民防空法》中第三十六条规定："人民防空通信、警报设施平时应当为抢险救灾服务。"为减少平时自然灾害以及突发事件造成的人员伤亡和财产损失，可以利用人民防空警报系统发放灾情警报信号，作为政府向公众适时发布灾情预报和灾害信息的紧急报知手段，提示民众采取相应的防护行动。近年来，各级人防部门强化资源共享意识，积极探索利用人民防空警报系统发放重特大灾情警报信号工作，充分发挥防空警报系统在防灾工作中的作用，为防灾救灾工作提供应急支援服务。

8.1.2 工作内容

一是梳理明确适用发放防灾警报的灾害事故。根据人防警报信号发放的特点，防灾警报适用于覆盖面广、预警时间短的全域性、突发性的，需要及时发放防灾警报信号引起群众警示，以便采取应急防护措施的重大自然灾害、安全事故等突发事件。如发生或即将发生洪涝、江河决堤、水库垮坝等水灾，龙卷风、台风等气象灾害，海啸等海洋灾害，地震灾害，山体崩塌、滑坡、泥石流、地面塌陷、地裂缝等地质灾害，或是已发生或即将发生的需要转移、疏散或撤离大量人员的重特大安全事故、环境污染和生态破坏事件等突发事件。

二是完善防空警报系统的建设。利用防空警报系统服务防灾救灾，事先要做好防空警报系统建设工作，重点是解决好防空与防灾报警的兼容性。在现有防空警报网的基础上，拓展其防灾报警功能，与政府公众报警网的其他要素构成密切协同的有机整体。

在防空警报器的布点上，要逐步将固定警报点从城区向偏远郊区展开，并在易发灾害地域加大设点密度。在防空警报器的选择上，要根据灾害报警的需要，应以电声警报器或多媒体警报器为主，同时装备一定数量的车载警报器、手摇警报器等，以克服防空防灾报警对电力供应的依赖性，增强连续报警能力。在警报种类设置上，要固定、车载、手摇相结合。在架构设置上，要电子、机械相匹配，实现网络科学化、多元化。在防灾警报信号的规定上，多数省市都是利用现有防空警报信号来发放防灾警报，或者利用电声警报器、多媒体警报器和配套的警报集控系统，直接发布各类防灾救灾的语音、文字警报信号，也有部分省市积极研究制定适用于当地的防灾警报信号。在防灾警报控制方式上，要多手段、多方式、多途径，实时控制防灾救灾警报信号的发放，并将防空警报系统融入政府公众警报系统。在防灾警报的宣传推广上，各级人防部门要进一步加大宣传力度，通过发放宣传资料、开展课题讲座、制作广播电视节目、建立宣传网站等多种形式，利用电视、广播、网络、报纸等多种手段，动员群众参与相关演练，让群众熟悉警报信号、熟知防灾措施，确保达到发放防灾警报信号的效果。

三是加强防灾警报发放管理。建立防空防灾警报统一协同指挥机制。要规定发放权限、发放决策、发放时机、发放等级、发放范围、发放协同等制度。要建立灾情预报制度和防灾等级响应制度，做好灾情预报通报工作以及及时转入防灾等级响应准备状态。要制定防灾警报发放应急保障预案，根据地区易发灾害的种类、规律和特点，针对不同性质的灾害，明确防灾警报信号发放的保障程序和机制。要持续开展防灾警报效能评估机制，为有针对性地改进警报系统提供依据。

四是加强警报维护管理队伍建设。要结合警报布点位置和设置单位情况，选择综合素质高、业务能力强、岗位结合度高的人员承担警报日常维护管理和应急发放工作。要制定并落实警报点管理维护人员的专项工作有关规定，加强警报设施日常管理维护，保持警报设备设施完好。

五是强化组织训练演练。良好的人员素质是保证防灾警报实施效果的重要环节，要对标实战，加强针对性训练演练，练指挥人员分析判断与指挥决策能力、练保障人员队伍管理维护与操作能力、练民众听到防灾警报音响后相应的行动能力。

8.1.3 发展方向

利用防空警报系统资源为防灾救灾服务，是人防参与平时应急工作的一项重要内容。2018 年 1 月，中国气象局、国家人民防空办公室联合印发《关于人防部门接入使用国家突发事件预警信息发布系统的通知》，推动各级人防部门接入使用国家突发事件预警信息发布系统，促进人民防空与突发事件预警信息发布工作体系的对接融合。应急预警系统和防空警报系统的融合，不仅避免了多级预警信息纵向传输的延迟，而且能解决灾害预警覆盖盲区这一瓶颈。预警信息发布最后一公里主要是传播手段和渠道的问题，也是国家突发事件预警信息发布系统着力重点解决的问题。对此，由政府牵头，人防部门和应急、消防、公安、电力、广电、通信、气象、水务、重要目标单位等单位和部门，对现有资源整合，按照规范统一接入，实现相互合作、资源共享，提高防灾减灾和应急救援能力。

8.2 核生化侦检

8.2.1 目的意义

核生化侦检是针对突发性核生化事故而采取的侦察、检测、监测等应急救援活动。

核生化侦检是人民防空部门不断融入城市应急管理，利用人民防空部门专业技术优势、区域联动优势、军地信息优势等进行人民防空职责与任务探索延伸后形成的一项参与应对突发性核生化事故的应急支援任务。核生化侦检是应急救援队伍实施救援措施的前提，也是应急救援指挥部作出救援处置重大决策的依据。

8.2.2 工作内容

核生化侦检主要工作内容是，人民防空防化防疫力量在危急情况下参与核与辐射事故及危险化学品事故的救援处置、传染病疫情的防疫防控和核生化恐怖袭击应急处置等，并对事故处置提出相应的对策建议。

参与处置核与辐射事故，是人民防空防化防疫力量按照城市应急总体预案，配合相关职能部门开展核辐射监测。对一般核与辐射事故，配合环保等相关部门参与对核与辐射事故的辐射剂量监测，为事故指挥部门提供事故决策建议和意见。在人员、装备、技术条件具备的情况下，承担更复杂的辐射监测任务：参与核设施的处置工作，配合相关部门进行场外地面照射量率及其变化进行测量与监测；协助开展放射性沾染防控行动，指导其他救援力量和民众采取相应防护措施和紧急防护；在撤离和避迁的地区边界处开设沾染检查哨，对撤出沾染区的人员、车辆、装备、物资等进行沾染检测；对完成核污染洗消的人员、车辆、装备等进行沾染复查等应急支援工作。

参与处置危险化学品事故，是人民防空防化防疫力量按照城市应急总体预案，配合相关职能部门开展化学侦检。对危险化学品事故现场开展有毒有害化学物质监测，进行有毒有害物质定性定量分析，确定化学物质成分；监测有毒有害物质的扩散范围和浓度分布，根据有毒有害物质浓度分布情况确定不同程度的污染边界并进行标志；监测不同污染区边界有毒有害物质的变化情况，为事故指挥部门提供事故决策建议和意见；在人员、装备、技术条件具备的情况下，承担更复杂的防化任务，配合相关力量控制危险源等。

参与处置传染病疫情，是人民防空防化防疫力量按照城市应急总体预案，配合疫情防控相关部门参与指导民众采取相应的防护措施和紧急防护手段，组织民众撤离疫区，配合医学专业力量隔离疑似受染人员，协助开展灭菌防疫措施等。在人员、装备、技术条件具备的情况下，可承担更复杂的防疫任务：利用人民防空防疫装备协助疫情防控部门在发生疫情地区开展病原微生物及毒素采样和侦检分析，确定造成生物事件的病原微生物及毒素的种类，确定疫区范围，对灭菌防疫后的病原微生物与毒素进行查验等应急支援工作。

参与处置核生化恐怖袭击，是人民防空防化防疫力量根据各地方反恐怖袭击工作要求，进行现场核辐射监测、军用毒剂及有毒有害物质检测和生物战剂检测等，并对处置工作提出对策建议。

上海民防在核化侦检方面参与较早，队伍专业能力较强，现场快速检测装备较为先进齐全，参与处置上海市突发性重大核化事故发挥了积极作用。2016—2020 年间，人防专业队伍参与处置核化事故 1 100 余起。

8.2.3 发展方向

在做好人民防空战备任务的同时，人民防空专业力量开展平时核生化侦检，通过参与突发性事件处置，锻炼人防专业队伍综合能力，检验队伍战斗力，确保战时遂行任务能力，成为保障战时人防指挥场所及其他要地核化生侦检的专业队伍。

通过实战演练，完善队伍建制，注重队伍管理，提高思想认识，加强专业知识学习与应用，保持队伍年轻化，全面提高队伍素质；加强训练建设，针对现代空袭特点，完善训练计划，推进专业技术向深度和广度发展，以此来提高人防专业队伍的训练水平、训练效果和实战能力。

按照人防专业队伍参与城市应急体系的要求，配置应急救援核化侦检所需装备，完善装备体系建设，同时加强装备管理，充分利用网络技术和智能侦检仪器，实现侦检信息获取自动化、侦检信息传输实时化、侦检数据分析智能化，提高队伍核生化侦检效能。

8.3 特种救援

8.3.1 目的意义

特种救援是针对地震、气象灾害、防台防汛、地下空间突发事件、建设工程事故、道路交通事故等灾难、灾害而开展的应急抢险救灾活动。

人防专业队伍在战时履行抢险救灾任务，消除空袭后果，确保城市运转；平时利用自身优势参与城市特种救援任务，融入城市应急安全救援体系，实现防空救灾一体化，发挥人防专业队伍在经济社会发展中的作用。做到防救结合，多技能叠加，多灾种防御，既保障人民防空战备练兵要求，同时也为城市安全发展做贡献。

8.3.2 工作内容

人民防空特种救援专业力量平时参加城市应急支援任务，主要参与地下空间突发事件、建(构)筑物倒塌和道路交通事故等应急救援，与应急联动各处置力量协同开展地下空间特别是民防工程的抢险救灾、建筑物倒塌人员搜救与倒塌物支撑、重大交通事故人员搜救与破拆支撑等任务。

上海民防参与城市特种救援较早，队伍专业能力较强，响应支援迅速，应急救援装备较为先进齐全，在处置上海市突发性重大事故中起到了积极作用。在2016—2020年间，队伍参与处置抢险救援事故100余起。

8.3.3 发展方向

人民防空部门与其他减灾救灾部门相比，具有参与应急救援与实施安全保障的能力优势，如军政双重领导、平战结合职能定位、专业的指挥通信系统、详尽的应急预案、迅速响应的队伍体系、实用的应急避难场所等。人民防空特种救援专业力量平时参与城市应急抢险救灾活动，发挥人民防空应急支援作用，战时对人防指挥场所及其他要地进行抢险抢修保障，确保人防指挥场所及其他要地的正常运行。

要以人民防空专业力量为基础，作为战争灾害与重大平时灾害应对的骨干力量，构建一支装备精、反应快、综合能力强，具备应战、应急、应灾能力的人民防空特种救援专业队伍。要加强队伍训练演练，按照战时任务与平时应急支援特点，完善队伍训练演练计划，结合平时专项训练，组织大型应急救援演练，增强与其他部门队伍的协同作战能力。

要建立完善应急救援装备和物资储备体系，提高应急装备保障能力。根据人民防空战时抢险及各地防灾救灾需求，配置应急救援装备，如大型抢险救援车辆、破拆、生命探测器等先进救援装备。

8.4 人防志愿者

8.4.1 目的意义

人民防空志愿者是根据志愿原则，不以物质报酬为目的，基于良知、信念和责任，利用个人时间、技能和设备等资源，自愿为人民防空事业提供服务和帮助的社会公民。由人民防空志愿者组成人民防空志愿者队伍(也叫团体志愿者)，是人民防空专业队伍的有效补充。

人防志愿者和志愿者队伍秉持“奉献、友爱、互助、进步”宗旨，兼具平战需求和专业特点，组织机制相对成熟可靠，是体现城市文明、科学治理水平和市民文明素质的新型志愿者队伍，对于抵御风险灾害、协助人民防空行动、进行人防公益宣传、参与平时应急管理具有较强的示范意义和引领作用。人防志愿者来自社会各类群体、各条战线、各个领域，分布于城市各个角落、各个社区，熟悉城市状况，具有一定的专业救援能力，在城市自救互救中可发挥不可替代的作用。志愿者以中青年为主，身体健康，热心公益事业，具有良好的思想道德和奉献精神，具有一定的专业技能和组织协调能力。

8.4.2 工作内容

人防志愿者队伍建设管理主要内容：一是成立人防志愿者管理机构，制定志愿服务章程和管理办法，健全服务管理平台和机制，规范准入、招募、教育、培训、管理、使用、保障、退出制度，做到志愿工作有章可依、规范建设；二是积极引导、拓宽渠道、广泛动员，注重吸纳专业领域人员参加，提高招募质量；三是注重志愿精神培育，按需组织工作培训，重视开展志愿活动，落实志愿服务保障，切实把志愿工作落到实处。

人防志愿者和人防志愿者队伍，根据人防志愿服务章程，围绕新时期人防建设的需要，聚焦落实“战时防空，平时服务，应急支援”要求开展志愿服务。主要工作内容：一是宣传志愿精神，推广志愿服务，如组织或参加专项咨询、现场指导、授课培训、演练宣传等活动，提升友爱互信的城市品格和危机应对文化；二是接受志愿服务培训，提高志愿服务技能；三是服从命令，听从指挥，履行志愿服务承诺，按照主管部门安排，积极参加城市人民防空医疗救护、抢险抢修、防护救生、心理干预辅导等公益活动，提供人防志愿服务；四是积极参与城市精神文明建设的主题实践活动，完成城市志愿者组织交办的各项任务；五是遵守相关法律，坚持文明服务，自觉维护人民防空志愿者队伍的形象。

8.4.3 发展方向

人防志愿者除具备参加志愿服务的热情和一般能力外，考虑到人防部门的职能和行业特点，为履行人防志愿服务的需要，人防志愿者应当具备人防相关法规知识、核生化防护知识等知识基础，同时掌握人防救援相关技能。相关从事人防工作或有志于参加人防服务的相关部门、单位、团体，需要主动参与学习、训练和救援活动，积极与专业救援队伍相配合，成为城市的平安建设重要力量。

国家和地方把志愿者建设作为城市文明建设的重要抓手，不断完善管理机制，2017 年 6 月 7 日国务院第 175 次常务会议通过了《志愿服务条例》，配套制定了中国注册志愿者管理办法。随着人防治理体系和治理能力的不断提升，人防部门在建设好人防专业队伍的基础上，加大人防志愿者队伍建设。上海市民防办以志愿者协会牵头建立了人防志愿总队，总队办公室设在市民防护救援中心，市民防办委托防救中心与人防志愿者队伍签订战略合作协议，制定志愿服务部队章程，推进志愿服务与防护救援相结、民防治理与社会参与相衔接，不断提升城市人防志愿者队伍能力水平。2020 年，上海市民防办动员组织、团结凝聚已注册登记的与民防业务相关的公益组织，以专业为纽带、特色服务为品牌，在 16 个区以“一区一品牌”的服务品牌形式建立了不同专业的服务队，实现携手合作、优势互补、品牌联创，在参与人防教育、开展人防训练演练的同时，在抗洪救灾、突发事件处置中发挥了独特作用(图 8-1)。

人防志愿者队伍作为群众性的公益组织，在活动形式和组织方式上，具有较强的自主性和灵活性，在应急灾害事件时，有较好的快捷性和机动性。近年来，长三角地区的人防部门积极发挥区域志愿队伍的优势，引导三省一市人防志愿队伍共同开展训练、比武，参加不同类型规模的救援保障演练，包括水上救援演练、防空救援演练等，锻炼志愿者队伍跨区支援能力。2020 年 7 月，在上海淀山湖畔，上海市民防办牵头，会同苏浙皖人防办举办了以人防志愿者为主体实施的长三角人防一体化水上应急演练，探索一体化防护、一体化救援战法机制，新华社、中国政府网等媒体广泛报道，引发社会广泛关注。

图 8-1　2020 年志愿服务“一区一品牌”创建活动启动仪式

9　人民防空工作保障

9.1　人防训练演练

9.1.1　目的意义

人民防空训练是生成和提高人民防空能力的根本途径，是人民防空履行职能的重要保证，是人民防空准备的重要内容和关键环节，是人民防空经常性的中心工作。人民防空训练必须以防空袭斗争任务为牵引，突出指挥训练，突出信息化知识和基本技能训练，突出实战化训练，全面提高"战时防空、平时服务、应急支援"能力。所有城镇居民（含在校学生）都有参加人民防空训练的权利和义务；党政机关、社会团体、企事业单位、基层群众性自治组织，应当依法组织开展人民防空训练。

9.1.2　工作内容

人民防空训练对象包括人民防空指挥部、人民防空机关、人民防空指挥信息保障中心、人民防空工程维护管理单位、群众防空组织、重要经济目标单位、人民防空工程技术保障单位和城镇居民。

人民防空训练应当完成以下基本任务：学习掌握党的创新理论和人民防空政策法规，研究探索信息化条件下局部战争和现代空袭的特点规律，创新发展防空袭斗争路径与方法，培养提高人民防空意识、防空防灾技能和筹划、指挥、行动、保障能力，实践检验人民防空方案计划、指挥体制和防护手段，全面促进人民防空准备任务落实。

人民防空训练实行周期制，以 5 年为一个训练周期，训练时间、参训率根据训练对象和训练任务，依据《人民防空训练规定》《人民防空训练与考核大纲》具体确定。参加上级组织的训练、演习时间，计入年度训练时间。

人民防空训练通常按照共同训练、专业训练、演习的方法步骤组织实施。县级以上地方人民政府和同级军事机关领导本行政区域内人民防空训练工作，县级以上地方人民防空主管部门具体承办本行政区域人民防空训练工作。

多年来，上海市人民防空训练始终坚持战备为先、防空为要，坚持以战领训、以训促战，坚持实战实训、联战联训，每年军地联席召开全市民防工作会议，组织动员部署；联合下发年度训练演练计划安排，明确训练任务；开展人防专业队伍组建、整组，规范人防专业队伍建设管理；组织指挥通信、防护救援、工程保障、目标防护等骨干培训，打牢业务能力基础；统筹协调解决训练经费、场地、器(教)材等保障资源，提高训练保障效益；多次担负奥运会、世博会、进博会等大项活动安保任务，提升应急行动能力；结合每年“5·12”防灾减灾日、全民国防教育日，广泛开展全市防空防灾宣传和警报试鸣活动，每年组织200余万人参加防空防灾疏散演练；常态开展网上指挥作业、实兵行动课题演练，2019年5月28日组织全市人民防空行动演练，持续提升人防“战时防空、平时服务、应急支援”使命任务能力。

9.2 人防战备值班

人防战备工作就是为战时防空袭和平时防灾救灾所做的准备工作，是人防指挥机构及各部门信息流的核心环节，是保障人防组织指挥体系的不间断的桥梁纽带。

9.2.1 目的意义

人防战备值班工作是人防指挥机构和人防部门的一项日常工作，起着沟通上下、联系内外、协调左右的重要作用，是及时响应和处理紧急事务、维持工作秩序、保护工作环境安全的重要工作，具有连续性、枢纽性、应急性的显著特点；是履行人防战备职责的基础举措；是确保人防指挥网络节点以及相关部门单位之间联络畅通、处置及时、高效运转的重要保障。人防战备值班工作的成效，对人防组织指挥和人防行动具有决定性支撑作用。人防部门既是战备机关，也是政府应急管理成员单位，加强人防值班系统现代化建设十分必要。通过运用高新技术手段，整合现有资源，提高值班效率，增强联勤联动能力，完善应急响应机制，可以为完成防空防灾应急指挥任务提供重要保障，对于建立防空防灾一体化应急管理体系有着重要的现实意义。

9.2.2 工作内容

人防战备值班根据不同机构、部位或岗位，履行不同职责，主要内容包括：接收和处置上级机关战备信息，掌握区域战备、反恐情况，保持人防各级指挥场所通信设施呼点信息通联；接受上级命令、指示，接收下级请示、报告，按上级指令或接收的相关信息进行处置；接收和处理各类来电来文，接受上级呼点检查；处置与人防职责相关的突发事件；检查和督促下级单位落实值班工作；与本级政府部门、部队单位、相关专业力量保持联络；检查维护设备设施，保证联络畅通，功能正常等。

9.3　人防战备物资储备

9.3.1　目的意义

开展战备物资储备是人防战备工作的重要内容之一，人防物资储备是完成人防行动的基础工作。在现代战争条件下，空袭作为主要作战样式贯穿于战争始终，做好人防物资储备工作是城市遭遇空袭时提高人民防空物资保障能力的必要手段。在平时，人防部门还承担着应急支援任务，做好相关救援物资和生活物资储备，是应急支援行动顺利实施的基本要求。针对可能的行动需要，人防部门和相关单位组织做好专业物资储备和综合性物资储备，对保障人员和城市目标的安全、提升城市防护效果，具有重要作用。

9.3.2　工作内容

结合人民防空战时使命任务和平时应急救援任务，国内相关机构和单位结合实际开展多方的研究和探索，并组织了相关储备工作，从需求角度分析进行分类实施。具体包括民防工程平战转换物资储备、人员疏散物资储备、人防指挥部物资储备、人防专业队伍防核生化特殊物资储备、人防通信警报物资储备、人防专业队伍物资储备、人防应急救援物资储备和重要经济目标防护物资储备等。

民防工程平战转换物资储备品种包括：钢材（槽钢、钢板）、镀锌铁皮、编织袋、黄沙、回土、水泥、标准砖、密封胶、不锈钢水箱、干厕以及通风防化设备、备用电站等其他设备等，储备方式为协议储备和实物储备结合进行。

人员疏散物资储备，按照疏散形式和人口需求，人防储备物资一般采取按级实施的办法，结合城市应急储备纳入城市应急疏散系统。人员疏散物资储备品种包括救援物资、生活物资及相关装备，储备方式采取实物储备与协议储备相结合的方式进行。

人防指挥部是人民防空斗争的“中枢大脑”，人防指挥部物资储备，在战时或灾后具有关键作用，在物资储备方面具有即时要求。储备品种包括生活物资和相关指挥器材，储备形式主要为实物储备。

人防专业队伍防核生化特殊物资储备品种包括个人防护器材、侦察器材和洗消器材。其中，个人防护器材按用途分为皮肤防护器材和呼吸器官防护器材；侦察器材包括辐射侦察器材和化学侦察器材；洗消器材主要储备洗消剂，包括消毒剂和消除剂。储备方式通常以实物储备为主，同时考虑到专业器材生产特点，采取一定比例的协议储备。

人防通信警报物资储备根据不同部门单位的通信装备需求实施。一般包括卫星系统、警报控制系统、光缆骨网主要设备，以及数字电话、计算机终端等储备。储备形式以协议储备为主，配合采取实物储备。

人防专业队伍物资储备，根据专业队伍种类和专业装备需求，在储备品种上分为防护类、救援类等品种。储备形式采取协议储备和实物储备相结合的方式进行。各单位根据任务需要设定储备系数。

人防应急救援物资储备，根据人防力量参与支援保障的任务需要，储备品种包括防护类、救援类、生活类物资，在数量和储备系数上，根据各品种的损坏、消耗情况及保持期情况确定。储备形式以实物储备和协议储备相结合的方式进行。

重要经济目标防护物资储备，是根据重要目标可能的遭袭情况和防护手段要求，确定储备品种，通常包括伪装防护器材、救援器材、修复器材等，必要时储备生活类物资。储备形式根据各器材的需求特点确定。

10　人民防空工作中的保险

10.1　保险概述

1. 目的

保险是社会经济发展到一定程度后产生的一种保障机制，是市场经济条件下风险管理的基本手段，也是金融体系和社会保障体系重要的支柱。建立保险制度的目的是应对特定风险事故的发生，对风险事故造成的损失给予经济补偿。

2. 内容

我国《保险法》给出明确定义：保险是指投保人根据合同的定向保险人支付保险费，保险人对于合同约定的可能发生的事故因其发生所造成的财产损失承担赔偿保险金责任，或者被保险人死亡、伤残、疾病或者达到合同约定的年龄、期限等条件时承担给付保险金责任的商业保险行为。

从经济角度看，保险是分摊意外事故损失的一种财务安排；从法律角度看，保险是一种合同行为，是一方同意补偿另一方损失的一种合同安排；从社会角度看，保险是社会经济保障制度的重要组成部分，是社会生产和社会生活"精巧的稳定器"；从风险管理角度看，保险是风险管理的方法之一。

3. 作用

保险的最初功能有两个：一是分摊风险，即将参加保险的少数成员因自然或意外事故所造成的损失分摊给多数成员承担；二是补偿损失，就是将参加保险的全体成员建立起来的保险基金用于少数成员遭遇自然灾害或意外事故所受损失的经济补偿。

现代保险主要有三大功能：经济补偿、资金融通和社会管理，是一个有机联系的整体。经济补偿功能是基本的功能，也是保险区别于其他行业的最鲜明的特征；资金融通功能是在经济补偿功能的基础上发展起来的，是保险金融属性的具体体现，也是实现社会管理功能的重要手段；社会管理功能是保险业发展到一定程度并深入到社会生活诸多层面后产生的一项重要功能，它只有在经济补偿和资金融通功能基础上发挥作用。保险的三大功能之间既相互独立，又相互联系、相互作用，形成了一个统一、开放的现代保险功能体系。

（1）经济补偿功能。经济补偿功能是保险的基本功能体，是被保险人愿意以交付小额确定的保险费来换取对大额不确定的损失的补偿，具体表现为财产保险的补偿功能和人身保险的给付功能。

（2）资金融通功能。资金融通功能是指将形成的保险资金中的闲置的部分重新投入社会再生产过程中。保险人为了使保险经营稳定，必须保证保险资金的增值与保值，这要求保险人对保险资金合理运用。保险资金的运用不仅有其必要性，而且也是可能的。一方面，由于保险保费收入与支出之间存在时间差；另一方面，保险事故的发生不都是同时的，保险人收取的保险费不可能一次全部赔付出去，也就是保险人收取的保险费与赔付支出之间存在数量差。这些都为保险资金的融通提供了可能。保险资金融通要坚持合法性、流动性、安全性、效益性的原则。

（3）社会管理功能。社会管理功能是指对整个社会及其各个环节进行调节和控制，目的在于正常发挥各系统、各部门、各环节的功能，从而实现社会关系和谐，保障整个社会良性运行和有效管理。

保险的社会管理功能不同于国家对社会的直接管理，而是通过保险内在的特性，促进经济社会的协调以及社会各领域的正常运转和有序发展。保险的社会管理功能是在保险业逐步发展成熟并在社会发展中的地位不断提高和增强之后衍生出来的一项功能。保险的社会管理功能，主要体现在社会保障管理、社会风险管理、社会关系管理和社会信用管理等四个方面。

10.2　工程保险

1. 工程保险的目的

工程保险是适用于工程领域的保险制度，它主要是针对工程项目建设和使用过程中可能出现的自然灾害和意外事故而造成的物质损失和依法应对第三者的人身伤亡和财产损失承担的赔偿责任提供保障的一种综合性保险。工程保险是从财产保险中派生出来的一个险种，主要以各类民用、工业和公共事业领域的工程为承保对象。

工程保险是风险管理的一种风险转移方式，在保险上称为保险转嫁，也可以认为是风险管理的一种手段。风险管理者通过风险分析认识到某些风险可通过购买保险来规避风险造成的损害，保险双方在工程保险中均可获得经济效益，因此，保险是一项不容忽视的工作。

2. 工程保险的内容

我国的工程保险险种主要有建筑工程一切险、安装工程一切险、职业责任保险、工程质量潜在缺陷保险、建筑意外伤害保险五种险种。

建筑工程一切险是承保以土木建筑为主体的工程在整个建设期间因自然灾害和意外事故造成的物质损失，以及被保险人对第三者依法应承担的赔偿责任为保险标的的险种。建筑工程保险的被保险人大致包括以下几方：建设单位、施工单位、其他关系方。建筑工程一切险适用于各种形式筹集资金所进行的改建、扩建及新建的建筑工程项目。

安装工程一切险是以设备的购货合同价和安装合同价加各种费用或者以安装工程的最后建成价格为保额，以重置基础进行赔付，专门承保以新建、扩建或改造的工矿企业的机器、设备或钢结构建筑物在整个安装、调试期间，由于保险责任范围内的风险造成的保险财产的物质损失和列明的费用的保险。

职业责任保险是指以各种专业技术人员的职业责任为承保风险的责任保险。一旦由于上述责任风险产生导致了业主或其他第三方的损失，其赔偿将由保险人来承担，索赔的处理过程也由保险人负责。

工程质量潜在缺陷保险是指由工程潜在缺陷（一般指"建设工程在竣工验收时未能发现的，因勘察、设计、施工、监理及建筑材料、建筑构配件和设备等质量原因造成的不符合施工图设计文件、工程建设标准和合同要求，并在正常使用过程中暴露出的工程质量缺陷"）的可能责任主体投保的，保险公司根据保险条款约定，对在保修范围和保修期限内出现的由于工程质量潜在缺陷所导致的投保建筑物损坏，履行赔偿义务的保险。

建筑意外伤害保险可定义为以被保险人因遭受意外伤害造成死亡、残疾、支出医疗费，暂时丧失劳动能力为给付保险金条件的人身保险业务。2019 年最新修正的《中华人民共和国建筑法》第四十八条规定："……鼓励企业为从事危险作业的职工办理意外伤害保险，支付保险费。"

3. 工程保险的作用

工程保险是工程风险转移的主要手段，在工程风险的防控中发挥重要作用。归结起来，工程保险的作用主要体现在分散市场风险，保障建筑市场的稳定发展；规范市场准入，促进建筑市场建立"优胜劣汰"的机制；实施全程监督，保证施工安全和建筑质量；规范统筹事故处理程序，合理保障事故各方的权益。

保险作为风险转移的手段之所以能成立主要有以下几个因素：一是购买保险时付出较少的费用可以使遭受工程事故损失的被保险人得到几乎全部的经济补偿；二是购买保险可以使被保险人获得经济上和心理上的双重安全保障，有助于被保险人稳定施工经营；三是购买保险方可以得到保险人的优质服务，保险人可以帮助被保险人制订风险控制计划，并提供防损措施及建议，有助于保险人控制风险等。

民防工程作为城市建筑工程的一部分，在建设环节也参保各类工程保险预防和降低工程风险，同时上海还推行《地下空间综合责任保险》，控制和防范地下空间内相关行业的突发风险。

10.3 上海市地下空间综合责任保险

10.3.1 目的

为了给地下空间提供更好的安全管理和保障，形成新的安全保障体系，上海积极为地下空间提供责任保险，从而减轻意外情况带来的损失，更好地保障地下空间人身和财产安全。地下空间综合责任保险的指导思想是“政府引导，市场运作；突出重点，先易后难；积极鼓励，应保尽保”，按照“广覆盖、低负担、高保障”的总体思路，立足实际状况，着眼长远发展，稳步有序推进上海市地下空间综合责任保险工作。

10.3.2 内容

地下空间综合责任保险模式采用“共保体”模式承保民防工程综合责任保险。保险条款和费率，实行以“使用单位类型、安全管理状况、保险理赔情况”为基础的浮动费率制度，并结合地下空间使用单位的性质和类别确定不同的赔偿限额和保险费率标准。

2013 年，上海民防组织实施了各区民防工程综合责任保险工作，当时上海市地下空间综合责任保险是全国唯一的针对地下空间特定风险的保险品种。其涵盖了地下空间产权人或使用人在经营中所常见的风险类型，保险责任广，保障额度高，较好地适应了上海市地下空间风险管理的需要。

上海市地下空间综合责任保险的保障范围主要包括以下方面：公众责任，火灾或爆炸责任，食品饮料责任，恐怖活动责任，停车场责任、车内物品责任，暴雨水患责任，供电故障责任，有毒气体泄漏、污染责任，地表沉陷、塌方责任，犯罪责任以及地下空间工作人员意外伤害责任共 11 项内容。

10.3.3 作用

《地下空间综合责任保险》实行以单位企业类型、自觉遵守管理的状况、保险理赔情况为基础的浮动费率制度。保险公司根据民防管理机构对被保险人的当年监督检查情况和被保险人的风险隐患整改情况、历年保险理赔情况，在下一保险年度对被保险人投保地下空间责任保险时实施费率浮动。

地下空间事故一旦发生，立即启动应急机制，防止事故损失扩散。保险经纪公司第一时间参与事故赔偿协调，督促保险公司按照共保协议，及时将预付应急资金划拨到位，对事故处理过程及保险索赔提供专业咨询服务。保险公司在出险后快速做好勘查、定损、理赔等善后服务工作，主动、准确地履行保险赔偿责任，帮助出险的企业迅速恢复生产经营，保障投保人和受益人的合法权益。

10.4 宁波市人防工程综合保险

1. 目的

为进一步完善落实人防工程维护管理责任，提高人防工程维护管理质量和城市综合防护能力，按照“谁建设、谁受益”“谁使用、谁负责”的原则，宁波市人民防空工程产权制度改革试点工作领导小组出台了《宁波市人民防空工程产权制度改革试点工作指导意见》，结合人防工程产权制度改革，在全市范围内开展人防工程综合保险试点工作，创新人防工程管理模式，推行人防工程综合保险制度，鼓励通过购买人防工程综合保险的方式落实维护管理责任，形成《关于开展人防工程综合保险试点工作的通知》，这标志着宁波人防工程综合保险试点工作实质性启动。

2. 内容

根据《关于开展人防工程综合保险试点工作的通知》文件，人防工程综合保险主要保障因自然灾害、意外事故或被保险人疏忽、过失造成的人防工程财产损失，并承担人防工程设备设施因保险事故致使第三者遭受人身伤亡或财产损失的赔偿责任。

人防工程综合保险的保额按照人防工程防护单元和建筑面积确定。保费应结合风险评估、人防工程竣工或设备设施更新年限、人防工程建筑面积等因素，由保险机构和投保人协商确定。

在保险期间，保险机构与投保人共同委托第三方专业机构开展人防工程巡查及维修保养服务。服务范围应至少覆盖主体防护结构、防护设备、人防相关构配件，以及战时通风、给排水、电气等系统设备设施等，巡查频率和标准应符合省、市人防工程维护管理相关规定要求，鼓励结合实际情况提高巡查频率。为保证巡查工作质量，保险机构应开发配套管理平台，对人防工程巡查维护和维护保养情况进行有效管控。

3. 作用

宁波市人防办在人防工程维护管理体系中，试点引入综合保险机制，协助和督促人防工程所有权人或实际使用人、建设单位、权责承接单位落实日常维护管理主体责任，确保人防工程处于良好使用状态，更好地发挥人防工程平战结合、服务民生、保障安全的作用。总结试点经验，完善工作机制，将“保险＋服务”逐步纳入人防工程规范化维护管理体系中，形成有效、多元的人防工程维护管理模式，助力城市防护体系建设高质量发展。

11　新格局——长三角区域人防一体化

11.1　目的意义

长三角区域是我国经济发展最活跃、开放程度最高、创新能力最强的区域之一，推动长三角区域一体化发展是党中央确立的重大发展战略。人民防空是国之大事，是国家战略、长期战略。推动长三角人防协同发展，是贯彻落实国家人防总体部署的具体举措，也是实现人防行业转型升级高质量发展的内在需要。

上海市民防办、江苏省人防办、浙江省人防办、安徽省人防办立足人防军事斗争准备、立足人防部门职能发挥、立足长三角区域人防特点与优势，抓住“高质量”和“一体化”两个关键、以“服务大局、以战领建，互利互赢、共同发展，统筹推进、平战结合”为宗旨，于2019年7月31日召开第一次联席会议并签订协议以来，在加强人防军事斗争准备联动，促进人防建设管理区域合作，开展人防先进经验、典型做法交流，实现人防资源共享等方面，深入推进长三角区域人防一体化发展。

11.2　工作内容

1. 聚焦发展目标

聚焦区域防空一体化。立足长三角区域的战略地位、国防任务，坚持“战备为先，防空为要”的思想，适应未来防空袭作战特点和长三角城市群防空需求，以搭建长三角人防组织指挥大平台、建立长三角区域重要经济目标防护标准、构建长三角区域人防行动联演联训和支援协同长效机制为主要目标，切实提高区域联合人防作战和整体防护救援能力。

聚焦人防行业市场一体化。立足长三角区域各自的地域特点和比较优势，坚持“以战领建、互利共赢、共同发展”的工作原则，围绕优化长三角区域人防营商环境，以开放长三角区域人防行业市场，形成政策互认、标准共用、创新共享、优势互补、市场开放、竞争有序的格局为主要目标内容，切实提升人防行业整体发展水平。

聚焦政务服务一体化。立足适应长三角区域经济和社会发展要求，坚持“顶层设计、融合建设”，把建设融人防行政审批、管理、监督、执法、宣传为一体，管理标准、技术标准、接入标准、数据标准相统一的“互联网＋政务服务”的长三角区域人防政务服务平台为主要目标内容，切实实现长三角地区人防一体化服务融合发展。

2. 完善工作机制

三省一市人防办协商成立“长三角区域人防一体化发展联席会议”，并下设“长三角区域人防一体化发展联席会议办公室”（以下简称“联席会议办公室”），其主要职责是负责联席会议的组织协调和日常工作；收集、汇总长三角区域人防一体化发展进程中的相关信息，编发工作简报；根据联席会议议定事项，拟制会议纪要并印发；负责对联席会议议定事项的落实情况并进行跟踪检查。自联席会议办公室成立以来，明确机制、规范程序，适时调整充实办公室组成人员，起草并印发了《长三角区域人防一体化发展联席会议工作规则》等文件，建立健全决策议事、跟踪落实和信息通报工作机制，明确了联席会议职责、工作程序和成员单位主要职责，规定了联席会议及日常工作等相关要求，发挥联席会议平台作用，加强发展规划、改革事项、支持政策、重大项目等方面的决策协调。

3. 搭建协作平台

在三省一市人防办统一领导下，下辖多个市（区）积极响应，自主对接，开展多层次多领域的合作交流和互动，初步形成了长三角区域上下联动的人防协作新局面。如上海松江区，江苏苏州市，浙江嘉兴市、杭州市、金华市、湖州市，安徽宣城市、芜湖市、合肥的九城市人防办共同签订了《服务 G60 科创走廊推进九城市人防工作一体化发展协议》，对人防要素、资源、空间进行统一布局，确保城市安全运行，共同营造长三角 G60 科创走廊良好的营商环境，推进经济社会高质量发展。江苏省南通市、海门市、启东市人防办与上海市崇明区民防办共同签订了《人民防空一体化发展合作框架协议》，深入探索人防全方位联动，努力形成分工合理、优势互补的区域协作发展新格局，共同推进人民防空建设转型升级、高质量发展。浙江省嘉兴市和上海市金山区开展跨省域人员疏散演习，检验战时人口跨区域疏散接收安置程序，锻炼人防应急组织指挥和跨区域救援能力。

4. 分类推进落实

三省一市人防办坚持专题分类、项目化、清单式推进，共同梳理制订协作项目计划，聚焦重点项目、重大课题和重要活动，制定任务书、确定时间表、编制施工图。对照项目计划与任务目标，各专题工作组协调落实。

指挥通信方面对入“库”项目实施滚动管理、常更常新，目前“库”项目已近 40 个。同时加大实践探索力度，着力提升区域防护能力。如在青浦区淀山湖畔牵头举办“长三角人防一体化水上应急救援演练”（图 11-1），深化长三角区域人防联演联训，组织无人机水上勘察、落水人员搜救、泄漏物处置等科目训练，锻炼提高队伍协同作战和跨区支援保障能力，为战时遂行一体化防护、一体化救援探索新战法、新手段、新机制。组织首次长三角区域人防机动指挥车跨省长途机动拉练，演练指挥通信机动保障战法，检验提升长三角区域人防通信协同保障能力。落实东部战区国防动员人防专项任务，省市带区县系统演练跨省人口疏散和人防合成专业队伍机动支援使命课题，探索人民防空跨省域联合筹划、指挥联动、信息共享、力量共用、资源统配的协作机制和协同方法。通过协作平台，将人防演训要素、资源、空间进行统一布局，全方位展开训练演练联动，努力形成分工合理、优势互补、相互赋能的人防指通一体化区域协作发展新格局、新典范。

图 11-1　长三角人防一体化水上应急救援演练

在宣传教育方面加大了工作交流力度，坚持互帮互学，共建共荣，按照既定研究课题和实施项目，经过充分实践、广泛认证，形成了一批可推广可复制的成果。上海市民防办的《人民防空教育培训大纲》贯彻《人民防空训练大纲(试行)》要求，具有完整的系统性和可操作性，避免了区域内各自为战，大纲不规范、不系统、不科学的问题。江苏省人防办的“安全应急科普大宣传模式”项目突出了合作共赢、多方联动全民参与的新模式，注重将创新务实融入安全应急科普工作之中，开创了防空防灾教育“五进”的新模式。浙江省人防办“构建全民防空防灾宣教体系”项目以“致敬最美、铸盾护民”为主题的 2019 年浙江省“最美人防人”活动，得到了新华社等媒体的宣传推广，推送稿件 80 余篇，阅读量总计超 1 000 万次；收集全国 62 个人防教育体验馆资料，研究编制的《浙江省人民防空教育体验馆建设管理标准》通过专家评审，并成为人防教育设施建设指南。安徽省人防办的“安徽人防网上宣传教育展馆”项目，实现了足不出户参观人防教育场馆、接受人防宣传，开启人防宣传教育的新途径，实现区域内资源共享。

防护工程方面积极推进长三角区域人防工程防护设备市场一体化。以防护设备市场为突破口，研究制定在长三角区域取消跨省销售安装的禁止性要求，推进备案、质量监管、信用评价和信息价管理一体化的工作方案。待条件成熟时，在整个长三角区域内施行。

智慧人防方面加快推进区域智慧人防一体化建设，立足三省一市现有通信装备，有效整合各类系统，推进实现多手段通信系统互联互通。综合分析上海“一网通办”“一网统管”，“数字浙江”，安徽“互联网＋政务服务”，江苏人防综合信息平台等多个平台建设情况，着手开展智慧人防顶层设计，为后续区域智慧人防一体化发展打下了发展基础。

11.3 发展方向

今后一段时间，三省一市人防办将继续深入贯彻习近平总书记关于推动长三角更高质量一体化发展重要指示批示精神，紧扣“一体化”和“高质量”两个关键，对标“一极三区一高地”战略定位，以推进人民防空能力建设为着力点，以探索人防行业市场一体化为切入点，以构建人防宣教新格局为立足点，以搭建数字民防新平台为突破点，以党建引领区域人防高质量发展为关键点，协作打造人防发展利益共同体，推进长三角人防区域一体化发展再上新台阶。

1. 着力提升区域人民防空能力建设

抓紧抓实人防训练演练，组织长三角区域三省一市人民防空演习，检验完善跨省人口早期疏散和苏浙皖三省人防合成专业队支援上海地区行动方案。搭建长三角人防组织指挥大平台，建设人防卫星联通项目，协调三省一市本级机动指挥所安装“北斗＋5G”系统，为人防行动提供“高精度定位、高精准时间、高清晰图像”。开展人口疏散接收安置、基于大数据支撑的人防指挥信息系统、机动指挥系统装配标准规范等课题研究，按照以评促备、以评促建、以评促训的要求，规范开展军事斗争准备检验评估活动。

2. 推进人防行业市场一体化

协同推进市场准入、监管合作、行政执法、制度对接等方面落到实处。探索研究逐步放开设计、监理市场和从业人员信息共享、资格互认。完善人防行业企业开展业务事项纳入“长三角一网通办”，建立“长三角人防一体化协同管理平台”，加强企业备案审核，推动防护设备定点生产和安装企业相关信息共建共享。

3. 形成人防宣教新格局

出版使用覆盖小学、初中、高中、大学阶段的《长三角地区学校人民防空知识讲义》,建立长三角区域人防宣传教育师资库,根据研究方向,明确教学内容,确定授课课题,畅通联系渠道,在区域内开展教学支持,实现资源共享。制作人防宣传教育教学专题课件,设置人防建设10个专题,组织专家备课,录制教学课件,提供各级党校行政学院以及有关部门开展讲座、教学使用。组织开展人防法治重点课题研究和工作交流,开展三省一市行政执法典型案例交流,推进执法依据、裁量标准、处罚执行等方面互相借鉴、逐步统一。

4. 搭建数字民防新平台

搭建三省一市政务数字交流平台,研究平台互联互通初步方案。推进建设融人防行政审批、管理、监督、执法、宣传为一体,管理标准、技术标准、接入标准、数据标准相统一的“互联网+政务服务”的长三角人防政务服务平台。探索建立长三角科技创新联盟,积极探索开展集“科学研究、技术创新、人才培养和成果转化”于一体的战略合作,围绕科技信息共享、课题指南发布、科技成果认定等内容,建立常态化工作机制。

5. 统一技术标准规范

围绕指挥通信、工程建设管理等业务全生命周期管理的要求,系统考虑、整体筹划,经过研讨提出人防技术标准规范目录清单,搭建长三角统一的技术标准规范体系框架。按照目录清单,梳理现行执行的标准规范,分类提出共享、借鉴、集中攻关等处置意见。根据梳理情况,充分研究论证,区分轻重缓急,提出需制定的技术标准规范制度清单,排定工作计划,明确牵头部门,强化合作机制,逐步推进落实标准规范制定工作。

6. 完善协同发展工作机制

搭建以“长三角区域人防党建共建学习交流平台”、党建共建机制、经验共享机制、理论共学机制为基础的党建联建一平台三机制,为长三角区域人防一体化高质量发展提供坚强的政治保证和组织保证。完善联席会议平台工作机制,发挥联席平台功能。鼓励支持所辖市(区)人防部门积极响应、自主对接,开展长三角生态绿色一体化发展示范区、G60科创走廊、淮海经济区、长江口沿岸等区域多层次多领域的合作交流和互动,促进长三角区域形成上下联动的人防协作新格局。

12 新技术——数字民防科技赋能风险治理

12.1 目的意义

城市是一个开放的复杂巨系统，是生命体、有机体，要实现全生命周期管理，更好保障城市运行安全有序和人民群众生命财产安全，必须全面准确把握城市生命体征，围绕城市风险防控重点，牵住政务服务“一网通办”、城市运行“一网统管”这两项“牛鼻子”工作，强化“应用为要、管用为王”价值取向，以整体性转变、全方位赋能、革命性重塑的思维理念，推动民防领域流程再造、规则重构、功能塑造、生态构建，用数字化方式创造性解决超大城市民防治理和发展中面临的风险防控难题，在实践中不断探索完善提升风险防范和化解能力，打造超大城市民防治理风险防控样本。

坚持“人民至上”理念，上海民防践行“人民防空为人民”，让技术和民防治理“为人而转”，把人本价值作为推动城市发展的核心取向，把人民城市建设落到实处。对标上级改革决策部署，对标人防战备要求，对标民防治理体系建设，紧扣“战时防空、平时服务、应急支援”的职责使命，坚持“体系思维是先导，数字底座是基础，数据汇聚是根本，场景应用是核心，业务重塑是关键”，围绕民防风险防控，推进上海民防数字化转型。

聚焦民防指挥通信、训练演练、民防工程管理、民防行业监管、民防宣传教育，抓牢政务服务“一网通办”、城市运行“一网统管”建设工作，广泛应用数字治理的新技术、新流程、新规则，构建业务保障、管理智能、数据汇集、技术先进、安全可靠的“数字民防”体系。重点围绕管理和服务对象的痛点、堵点、难点问题，实现风险态势全面感知、风险监测智能预警、资源统筹协调、行动人机配合和处置高效协同。通过治理数字化转型，实现更高水平更高质量的民防治理，提升人民生活安全感，为构建适应超大城市发展需求的现代民防治理体系提供有力支撑。

12.2 工作内容

围绕提升风险防范和化解能力，构建业务保障、管理智能、数据汇集、技术先进、安全可靠的“数字民防”防护体系。主要内容是建设“三平台一中心”，即互联互通的人防指挥保障平台，便捷高效的政务服务管理平台，智能化的行业监管平台，集成化的信息数据运行监测和分析应用中心。

一是“两网”建设赋能风险管理。按照“数字民防”系统框架，建设民防运行智能监控系统（图12-1）。汇聚民防领域各类实时数据，建设“在用民防工程安全使用管理”“民防特种救援应急处置”等风险防控应用场景。

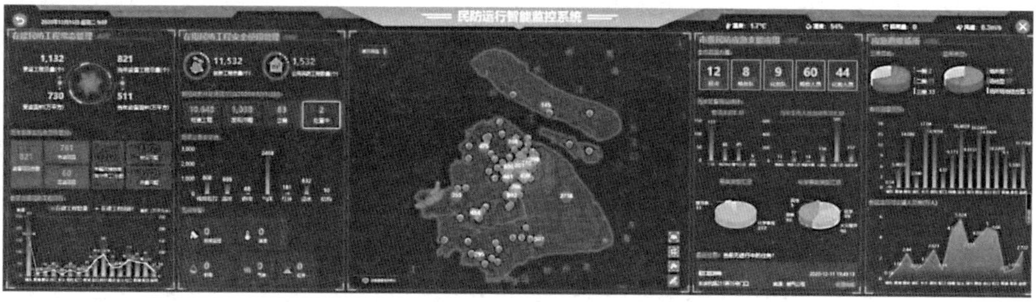

图12-1　民防运行智能监控系统

二是重点领域筑牢筑实安全墙。结合“聚焦重点领域，推进城市运行安全风险管控智能化”课题调研，用信息化手段实现重要时间节点、重点关注领域民防安全管控。“在用民防工程安全使用管理”应用场景中增设“在用工程防汛专题”，根据市防汛指挥部启动应急响应行动的行为，实时落实市民防办既定的应急响应行动，实施全程管控，坚决做好民防系统重点领域即民防工程的安全底线管控。

三是物联建设织密预警防护网。按照上海市推进新型基础设施建设行动方案，促进民防领域物联设施建设，试点汇聚部分区民防办建设的民防场所物联传感设施数据，设置科学阈值、智能预警并纳入民防专业网格化处置，实现闭环管理。

12.2.1　互联互通的人防指挥保障平台

“数字民防”指挥保障平台即上海民防“应急指挥”系统，主要包括人防特种救援管理系统、数字调度系统、防空防灾（减灾综合）信息基础平台系统等。在紧急情况下，可调动民防各类资源，执行防空防灾等安全风险指挥处置任务。

防空防灾（减灾综合）信息基础平台系统，汇聚通信警报、重要经济目标、应急避难场所等安全风险防控基础设施资源数据，并不断赋能业务工作，实现人防组织指挥体系增强，人防组织指挥能力提升，通信警报建设推进，重要经济目标防护的加强。应急避难场所和人防疏散地域（基地）建设形成格局，全市现有等级应急避难场所117个，其中Ⅰ类应急避难场所3个，Ⅱ类73个，Ⅲ类41个，总占地面积约753 hm^2，每个应急避难场所设置供电区、供水区、人员宿住区等功能场所，可容纳避难人数约 45 万，为韧性城市建设提供安全风险防控屏障。

数字调度系统，汇聚了现有全市民防 17 支化救和特救队伍、100 余人员数据和装备的各类特种救援车辆、指挥通信要素系统设施、专业侦检仪器、人员防护装备以及专业破拆救援器材等数据。

人防特种救援管理系统基于民防特种救援接出警业务需求进行应用功能设计，包含报警受理、任务处理、指挥调度、数据汇总和分析、地图服务、特种救援数据库等内容，规范市区两级民防部门分别实施战备值班备勤机制，对接本市应急联动中心 110 接出警系统、962962 民防热线等值班通信要素，汇聚各类灾害事故预案库和各类专业救援的专家组信息，提供高效的辅助决策功能，可针对特种救援方案，救援过程中接警、任务分派、任务接收、队伍出动、到达现场、处置完成、结果反馈 7 个阶段提供在线管理监控，为更及时高效实施建筑物倒塌和煤气、异味、化学泄漏、火灾爆炸等化学灾害事故救援提供支撑。同时，特种救援单兵应用系统接入人防特种救援管理系统，实现现场侦检和建立现场人员与总指挥部的实时通信，显示特救队伍出警及在线动态信息，推动提高一体化指挥通信要素系统保障能力。

12.2.2 便捷高效的政务服务管理平台

“数字民防”政务服务平台即上海民防“一网通办”系统。依托上海市电子政务云建设政务服务管理平台，向公众提供政务服务和公共服务事项办理，提升民防办事服务水平。公众个人和企业用户通过登录本市“一网通办”统一门户办理各项业务。

通过“数字民防”建设，上海民防“一网通办”系统整合了涉及民防行政审批管理和服务的各类子系统。围绕“高效办成一件事”目标，坚持以企业、群众需求为导向，着眼优化营商环境，立足企业、群众办事视角，不断“减环节、减时间、减材料、减跑动”，做到一网通办、一体管理、一次告知、一表申请、一口受理、多证联办。通过对业务的梳理、再造，推出若干“一件事”办理事项；依托数字民防技术支撑，实现政府部门间数据共享和调用，建立容缺受理、审查和办理办事机制，为本市民防行业领域安全可控的整体环境发挥重要作用。

通过“数字民防”建设，围绕“安全”，构建民防生活新范式。在上海统一移动端政务服务平台上，即“随申办市民云”App 和“随申办”微信、支付宝小程序正式上线运行“民防地图”应用场景。场景以地图等方式汇聚民防工程、应急避难场所、民防宣传教育场所等民防设施信息。面向公众提供三种民防设施场所的查询和地图路线导航等服务，以数字化手段实现民众自助式获取附近民防设施等防护知识。通过地图导航服务，掌握快速疏散掩蔽路线，实现快速引导公众就近、有序到达相应民防设施。作为全国首个“民防地图”，它填补了省市政务服务平台人防设施指引场景运用的空白，打通了人防指挥和人员疏散的“最后一公里”，对于提升民众应对突发事件能力、加强安全韧性城市建设具有重要意义。

12.2.3 智能化的行业监管平台

城市运行"一网统管"是提高城市治理现代化水平的"牛鼻子"工作之一，是全面推进城市数字化转型的重要突破口。要进一步增强风险意识、突出关键重点、强化预测预判、注重群众参与、筑牢安全防线，以智能化管理、智慧化预防让城市运行更顺畅、更精准、更安全、更有序，为上海率先构建经济治理、社会治理、城市治理统筹推进和有机衔接的治理体系提供有力支撑。

"数字民防"智能化行业监管平台即上海民防"一网统管"系统，作为民防运行管理子平台接入上海城运中心。

通过"数字民防"建设，上海民防"一网统管"系统主要整合了上海市地下空间专业网格化管理系统、上海市民防工程 BIM 管理平台等各类业务管理子系统。围绕"高效处置一件事"目标，运用数字孪生技术，对接每项业务数据、物联感知数据、基础信息数据，紧紧围绕民防领域智能发现、风险防范、协同指挥治理新方式，推动民防智能运行监控系统升级建设，拓展更多管用、实用、好用的应用场景。实现"在建民防工程安质监管理""在用民防工程安全管理""民防应急支援应用"和"应急避难场所"等民防安全治理应用场景在线运用，提升民防安全风险预知、精准指挥和高效处置的能力，构建风险智能管控、隐患动态清零的城市民防安全管理体系。

1. 民防工程网格化管理系统

民防工程网格化管理系统，主要是依据民防工程完好、安全管理要求和网格化管理标准建设，着力规范民防专业网格化管理，提升民防专业网格化管理水平。系统包含民防工程安全监督检查、立案审查、处置反馈、综合查询、智能监测、工程维修养护、防台防汛应急准备、退出序列公用民防工程安全管理等模块功能，通过对数据进行统计、汇总、分析，为民防工程安全的"观、管、防"提供信息支撑。坚持民防工程合法合规的开发使用，服务于城市总体发展和经济建设。目前近 80%的民防工程为在用状态，主要用途为机动车库、非机动车库、仓储、办公，及少量商场、超市、餐厅、文化等其他用途。逐步加强民防工程使用备案机制，积极鼓励社区内民防工程用于公益化用途，例如居民小区内的停车场所和社区居民休闲文化场所。

市、区民防工程管理部门依法实施在用工程监督管理工作。管理对象包括 4 类：公用民防工程、结建民防工程（非公用民防工程）、退出序列公用民防工程和普通地下空间（表 12-1）。

表 12-1　　民防在用工程监督管理对象及内容

工程类型	管理内容	
	工程结构和设施防护效能完好管理	安全管理
公用民防工程	✓	✓
结建民防工程(非公用民防工程)	✓	
退出序列公用民防工程		✓

1）民防工程风险隐患分析

民防工程管理领域风险隐患主要分布于公用民防工程、退出序列公用民防工程两类工程中。内容包括结构损坏风险隐患、火灾风险隐患、浸水风险隐患，以及工程使用维护、安全制度落实、人员岗位履职、风险隐患防范工作不到位等其他风险隐患。

2）民防工程风险隐患管理

通过系统，对民防工程的完好与安全相关风险隐患管理严格按照规范、完整的工作流程管理，采用传统人员巡查检查和物联设施智判等方式，实现全流程闭环管理。

2. 上海市民防工程 BIM 信息管理平台

上海市民防工程 BIM 信息管理平台，主要是以民防工程日常管理业务为主线，以精细化的 BIM 数字模型为载体，以 BIM+GIS、融合物联网、移动监管终端、RFID 等信息技术，将民防工程建设、运维过程管理集成于同一平台，实现基础信息、管理信息的集成、融合、分析、辅助决策。通过 BIM 信息管理，实现民防工程信息的集成与一体化，民防工程建设、运维管理信息化，进一步提升民防工程可视化、信息化以及在建民防工程的综合管理水平。

上海市民防工程 BIM 信息管理平台包含用户管理、总体管理、工程管理、安质监管理、检查管理、执法管理、设施设备管理、平战转换管理等模块。

总体管理主要包含多项目的管理和单体项目详细管理功能。多项目管理提供 GIS 场景下，民防工程的撒点分布图，可以直观地查看所管辖范围内在建、已建民防工程的位置分布，管理人员可按照建设状态、区域、防护等级、防化等级、抗力级别等筛选条件进行工程管理。单体项目详细管理，提供工程三维可视化、精细化的模型，该模型是管理业务信息的载体，可查询项目基本信息、三维数字模型、安质监信息、巡查信息、运维信息、平战转换等关键业务信息。以真实应用场景为例，三维数字模型通过 RFID 芯片与现场实体关联，巡检人员通过移动监管终端进行现场检查，发现设备问题、扫码上传，将该条检查记录及后续处置流程传回系统，记录与数字模型、实体产生关联，点击问题列表可查看问题发现、处置全过程记录，并且可精确定位问题设备的位置，实现反向追溯。如此，巡检人员操作、维保人员操作的痕迹都可追溯，从而实现人员和工程的双向管理。

安质监管理，是民防办安全质量监督职能与上海市民防工程 BIM 信息管理平台结合的实施过程。安质监业务包括：手续办理、制定监督任务、监督检查、资料办理、综合竣工验收、监督报告。平战转换管理，借助 BIM 精细化模型，对平战转换信息进行数字化管理，对平战转换预案、转换操作、转换视频、责任划分的电子化管理，民防部门管理人员可以清晰、方便地对管辖范围内民防工程的平战转换内容进行查询、调阅和管理，转换工程量统计，可对筛选工程进行转换的人材机等内容进行详细管理。

随着民防工程建设持续稳步增长和管理成效要求的不断提升，上海市民防工程 BIM 信息管理平台不断升级改造，以适应在建民防工程风险隐患的变化。完善全过程监管流程，根据底板、墙板、顶板、主体、设施和竣工不同施工进度阶段，实施安全隐患和施工质量的监督检查，开具整改单、措施单或执法处罚单，确保民防工程建设施工合法、合规、安全。对受监工程相关企业的从业情况实施管理。拓展长三角区域人防一体化监管需要，通过“科技＋制度”加大人防从业企业监管力度，进一步规范防化防护设备生产、检测和人防设计、监理等人防企业从业行为。

12.2.4 集成化的信息数据运行监测和分析应用中心

以民防数据标准建设和民防数据统计工作为抓手，加强民防基础“数字底座”建设。根据“数字民防”顶层设计和数字化转型需求，结合市、区民防业务实际，特别是“一网通办”和“一网统管”工作要求，包括涉及民防管理领域相关的民防工程、防空警报、民防通信、信息保障、应急避难场所、民防宣传教育场所等工作的静态基础、动态管理、实时物联、内控管理、指挥调度的信息数据项。

提升和完善“民防数据中心”建设，整合民防各个业务系统数据，进行数据清洗与整合，按标准规范数据格式存储。夯实民防“数字底座”，实现民防数据的高效处理、交换和共享。

依托“数字民防”业务系统整合工作的有序推进，通过细化数据汇集内容，进一步完善数据统一汇聚共享应用工作，形成“民防数据中心”框架。“数字民防”业务系统与上海市地下空间专业网格化管理系统、上海市 BIM 信息管理平台以及上海市市级人防特种救援管理系统对接。在部分区民防部门试点数据对接的基础上，启动 16 个区数据汇集工作，并且提升站位，融合“风险评估”和“民防工程全生命周期”管理理念，进一步完善“民防数据中心”框架和数据交互模式，明确数据来源、数据标准、责任部门，分工协作汇集民防工程相关 5 类静态基础数据、9 类动态管理数据和 7 类物联设施数据。

以民防工程配套通信覆盖、物联设施等设计规范工作为抓手，加强民防管理领域新基建。根据民防工程属性分类，物联设施监管划分为常规安全监管和专项安全监管。常规安全监管包括：火险隐患监测、浸水隐患监测、人员闯入隐患监测等；专项安全监管包括空气环境隐患监测、供电隐患监测、沉降位移隐患监测、视频安防监控等(表 12-2)。

表 12-2　　民防工程安全监管物联设施分类表

民防工程属性分类		公用民防工程	非公用民防工程	退出序列公用民防工程			
				在用	闲置	封堵	填埋
火险隐患监测		√	√	√			
浸水隐患监测		√	√	√	√	√	
人员闯入隐患监测		√	√	√	√		
空气环境隐患监测	温湿度	√	√	√			
	有毒有害气体	部分√	部分√	部分√			
	易燃易爆气体	部分√	部分√	部分√			
	氧含量	部分√	部分√	部分√			
供电隐患监测		√	√	√			
沉降位移隐患监测					部分√	√	√
视频安防监控		部分√	部分√	共享√			

专项监管项目应用场景：
1. 人员密集型工程(如商场、地铁通道)——视频监控相关人员密度等分析监测；
2. 高风险工程(工程结构风险)——浸水监测、沉降位移监测；
3. 有充电桩或充电插座的机动车库和非机动车库用途工程——供电和温湿度监测；
4. 机动车库用途工程——有毒有害和温湿度等空气环境监测；
5. 仓储用途工程——温湿度、有毒有害、易燃易爆等空气环境监测；
6. 办公、文娱用途工程——温湿度等空气环境监测；
7. 闲置、封闭等长期无人工程——氧含量或二氧化碳等空气环境监测。

依托"数字民防"建设，编制《民防工程安全监管物联设施设计规范》，规范民防工程安全管理相关预警分析策略和闭环处置流程。包括：民防视频监控诊断与分析策略；定性监测物联传感设施的预警阈值策略；定量监测物联传感设施的绝对阈值、规律阈值和瞬时阈值策略；与网格化管理系统的"发现问题"环节数据对接和"分派—核实—处置"流程设置；与民防工程相关的 6 种风险隐患对应的处置时限等。

按照上海市数据共享应用机制，全面共享相关政府部门的公共数据，为民防安全风险防控服务。对接市机管局的"上海市市级机关公务用车管理和监控平台"，共享车辆实时定位信息；对接市水务局的"上海市防台防汛管理系统"，共享预警信息、卫星云图、风速风向、实时雨量、实时水位、潮位预报等实时信息；对接市气象局的"上海市气象预警系统"，共享气象预报、气象观测、灾害预警等实时信息；对接市公安局的"上海市公共安全视频监控市级共享平台"，共享与民防管理领域相关的应急避难场所周边、重要经济目标周边、重点民防工程周边的高空、路面监控图像，以及部分社区、楼宇监控图像。

12.3 发展方向

根据《上海市民防建设发展“十四五”规划》，进一步精准把握城市数字化转型的重大契机，加快“两张网”的建设进程，全面推动上海民防数字化转型。

一是树牢系统观念、增强风险意识，把城市运行“一网统管”各项工作抓实抓细抓深化。以数字化、智能化为突破口，建好用好城市运行数字体征系统，加强“神经元”感知系统和算法体系建设，实时动态、智能精准地发现排查风险隐患，做到及时感知、快速反应、协同处置、防患未然。要突出重点领域、抓住关键环节，聚焦事关超大城市安全有序运行的“一件事”，优化流程、高效处置、精细管理。建设数字孪生城市新空间，深化民防领域。坚持“数字底座是基础”，积极融入城市数字化转型和数字孪生城市建设，整合民防各领域数据汇集、管理、治理、开发利用，打通数据采集、流通、协同、共享和应用的全链路，运用BIM模型等方式构建民防数据中心，深化民防领域数字孪生工作。

二是强化预测预判、提升管防能力，推动实现态势智能感知、趋势智能研判、资源统筹调度、行动人机协同，打通城市治理“最后一公里”。形成城市“数治”新模式，贡献民防方案。坚持“场景应用是核心”，推出标杆示范场景。研究民防工程风险分析评估策略和风险防控配套管理机制，探索依托民防工程体征指数模型的安全管控智能管理新模式。逐步拓展数字化转型在人防平战转换、指挥通信、防护救援、长三角城市群人防协同等方面的应用，发挥集群效应。发挥数字核心驱动力作用，以数字化牵引业务流程再造、规则重构、功能重塑，生态构建，推动民防管理理念、管理模式、管理手段变革，为城市“数治”提供民防样本。

三是紧紧依靠群众、积极发动群众，坚持开门建设“一网统管”，充分调动各类主体参与的积极性，认真倾听大家的意见建议，推出更多基层一线“管用”“实用”“好用”的应用场景。构建美好生活新范式，提供民防保障。坚持“业务重塑是关键”，创新服务方式。优化升级“一网通办”，提升线下服务能级、拓展线上服务能效，许可事项实际办件全程网办比例不断提高，构建全方位服务体系，提升整体服务水平，切实提高人民群众安全感、幸福感和获得感。

四是守牢安全底线，强化技术保障，确保数据安全，健全完善与“两张网”建设相适应的行业标准和规范规则，更好助力政府决策科学化、公共服务高效化、社会治理精准化。完善运行保障机制，严格落实网络安全工作责任制有关要求，筑牢制度、技术、管理三道防火墙。构建安全系统基座，全面推动数字民防业务大系统成为技术可控、安全可靠的系统，为“两张网”建设提供基础支撑。筑牢网络安全底线，强化安全意识，坚持底线思维，确保安全可靠。打造建设经济新高地，注入民防力量。推动民防领域标准规范的数字化，设施设备的数字化，管理行为的数字化，充分发挥民防数据中心作用，促进民防数据要素流动，助力民防行业企业及其他经济领域发展，培育民防领域数字化新业态。

13 新手段——早期民防工程治理新材料、新方法

13.1 目的意义

20 世纪六七十年代，为响应“深挖洞、广积粮、不称霸”的号召，各地政府和企业修建了大量民防工程，这些民防工程因年代久远被称为早期民防工程。早期民防工程在当时发挥了防备敌人空袭、有效掩蔽人员和物资以及保存战争潜力等重要功能。

从结构上看，早期民防工程主要为夯土结构、砖混结构，少部分工程为钢混结构。不仅单体面积小，而且分布比较散，其所处位置大部分位于老旧的居住小区、厂区、学校、幼儿园、医院等。同时，早期民防工程情况多样，有的至今仍在使用，有的采取了加固、封堵、填埋等措施，有的做了部分拆除。部分早期民防工程存在失去防护功能、渗水、坍塌等隐患，不仅有安全问题，而且会对居民生活产生一定的影响。

针对早期民防工程的安全问题，上海市民防办公室提出，要建立健全安全风险管理和隐患排查长效机制，预防为主，常态与非常态管理相结合，切实做到隐患早发现、早控制、早治理；编制了一系列文件，要求对早期民防工程按照使用、闲置等不同类型进行梳理、分类，采取加固、封堵、填埋及部分拆除等方式进行管理和处置，并鼓励采用新材料、新方法加强对早期民防工程的风险防控。

13.2 应用领域

早期民防工程治理工作一般可按照前期调查、风险评估、分类整治三个阶段展开。

早期民防工程基础资料的搜集主要通过查阅民防工程档案及现存图纸资料等方式。但因年代较久，部分早期民防工程存在档案缺失、信息不全的情况，且因城市基础设施及周边环境变化，使部分档案与实际情况已有所不同，造成在前期调查时难以找到工程出入口，无法了解工程内部实际状况。针对上述情况，可借助地球物理勘探（简称物探）进行探查。物探是一种无损探测地下目标的方法，当目标体与周围地层介质之间存在物理性质差异（如密

度、速度、导电性、磁性、放射性以及导热性等的差异)，就会引起相应地球物理场的变化，通过测量这些物理场的分布和变化特征，结合已知地质地球物理资料进行分析研究，就能达到推断地下目标体的目的。目前早期民防工程的物探手段以传统的高密度电法、地质雷达、地震面波法为主，也包括瞬变电磁法、声波 CT 法、磁梯度法、重力梯度法、井间电磁波法等。

在工程前期调查的基础上，根据民防工程安全风险评估技术标准、处置技术标准等规范，开展早期民防工程风险评估工作。早期民防工程风险评估主要包括结构风险评估、消防风险评估及其他风险评估。结构风险评估应包括建筑和结构初步调查、结构构件损伤评价、结构变形检测、材料力学性能检测、渗漏水评价。消防风险评估应包括紧急疏散通道及安全出口、给排水系统、排烟系统评价。其他风险评估包括空气质量评估、噪声及振动评估、出入口防雨水倒灌评估等。通过对工程进行评估，将早期民防工程分为以下四个类别：一类工程，维持现状类；二类工程，加固改造类；三类工程，退出战备类；四类工程，拆除报废类。

根据评估结果开展早期民防工程的分类治理。对于一、二类工程，仅需维持现状或经过结构加固及改造后，就可作为等级民防工程使用。目前早期民防工程加固常采用增大截面加固法、预应力加固法、增设支点加固法、黏钢板加固法、黏纤维加固法等。对于三、四类工程，坚持“排查摸底、分类管理、安全可控、长效管理”的管理原则。根据风险评估结果，采用封堵、回填、整治再利用等治理措施。目前采用回填治理法时，除用沙等传统材料外，选用泡沫混凝土(泡沫混凝土是一种将泡沫与水泥浆均匀混合，然后经过发泡机的泵送系统进行现浇施工，经自然养护形成含有大量封闭气孔的新型轻质材料)、憎水膨胀珍珠岩块材、发泡水泥砌块等新型轻质材料。此类新型材料容重接近水，可防止回填荷载过大造成不均匀沉降。部分早期民防工程经治理改造后，消除了安全隐患，成为社区活动室、民防教育培训基地、智能仓储、综合管廊等，重新焕发生机，为促进城市经济社会发展、提高人民群众生活水平作出了新的贡献。

13.3 应用成果

早期民防工程因建造年代、方式、现状不同，存在较大差异，在其治理工作中需秉持“一洞一策”的治理方案。

上海市黄浦区某早期民防工程位于某公园内，由于年代久远，出入口已无法找到，后运用物探技术探测到该工程位于公园假山下。在使用挖掘机将假山挖开后，找到了该工程的出入口。工程内部存在积水，经前期抽水处理及封堵空间打通后，工作人员对该工程进行了详细勘察，评估后使用泡沫混凝土进行整体回填。与普通混凝土相比，泡沫混凝土中没有粗集料，且含有大量气泡，其干密度远小于普通混凝土，固化后可密闭裂缝且具有一定的吸水性。作为回填材料使用时，泡沫混凝土的强度既可满足设计要求，又因其较好的流动性又可减少回填过程中出现空洞，且可控制施工引起的附加应力，减少对周边既有建筑的影响。

13.4 发展方向

在上海早期民防工程治理中发现，城市内复杂的探测环境使某些地球物理方法受到一定限制，探测效果有时并不明显。上海地处长江入海口，海平面较低，地下水位高；城市经济发展迅速，楼房较多，电磁干扰强，这些特点都对地球物理方法的使用以及测线布置造成影响。针对上海复杂的地质和现场条件，需要在理论和实践应用中进一步开展研究工作，在探测方法和仪器设备选择、采集观测和施工、数据处理、正反演和综合解释等方面提出一套在上海地区地质条件下行之有效的处理流程和方法。

对于已采用回填法治理措施的早期民防工程，也需开展隐患整治后评估工作。可通过对工程抽芯检测、周边环境影响分析、建立物理和数值模型等，全面评估整治工程的长期性能，对可能存在的质量问题提出有效防治措施，以保障工程长久安全，也可为后续早期民防工程治理工作提供宝贵经验。同时总结分析现有回填材料特性，对材料的回填性能、回填效果等开展评估，并进一步探索研发其他新型回填材料。

14 新路径——民防工程投融资改革

14.1 目的意义

第七次全国人民防空会议上指出，树立和落实新发展理念，转变人防建设发展方式。积极推进人防市场化改革，创新投融资机制，引导社会力量参与人防设施建设、经营和管理。民防工程建设领域投融资改革是践行“人民防空为人民”，激发市场主体活力，调动社会资本积极性，引导参与民防工程建设、管理、开发和利用的重要抓手，是落实平战结合，统筹民防工程建管用，提高城市整体防护能力，实现战备效益、社会效益、经济效益有机统一的重要途径。

人防投融资机制创新在民防工程建设领域有着较强的现实需求和价值效益。但当前尚未引起社会广泛关注和共识，社会主体投资意愿不强，平战结合服务民生和经济社会发展的实效仍需凸显。一是在政府推进改革、市场参与改革两方面，都不同程度存在动力不足、意愿不强的现状；二是面向“十四五”乃至 2035 远景目标，提前融入城区总体规划，主动对接重大建设项目，编制民防工程专项规划方面仍需加快步伐；三是民防工程区域分布、形态结构、建设模式等已不适应需求，制约了社会资本参与建设和开发；四是民防工程投融资管理相关政策制度缺乏相应配套，建设模式、机制探索不足；五是投融资管理案例有限，对成功案例进行研究、跟踪和问效不多，对好的经验做法提炼总结、宣传推广不够，难以产生辐射带动效应。

14.2 工作内容

推进民防工程建设，应当贯彻人民城市建设重要理念，坚持“政府主导、市场运作、社会参与、协同推进”，构建起以政府投资为主导、依法履行结建义务为基础、社会多元化投资为补充的投融资格局。主要包括以下 5 个方面的内容。

14.2.1 人防市场化改革的政策导向

人民防空具有国防性、公益性和社会性特点，人防建设需要依靠社会力量和资源来加快和促进发展。《中华人民共和国人民防空法》第五条指出，国家鼓励、支持企业事业组织、社会团体和个人，通过多种途径投资，进行人民防空工程建设；人民防空工程平时由投资者使用管理，收益归投资者所有。《上海市民防条例》第三十三条指出，民防工程平时由投资者使用管理，收益归投资者所有。国家国防动员委员会《关于人民防空建设“十三五”规划》提出创新人防建设投融资方式，进一步放宽人防建设领域市场准入限制，积极推广政府与社会资本合作等新型投融资模式，鼓励和引导社会资本参与人防设施设备建设和经营管理。这些法律法规和制度文件，为民防工程建设领域投融资提供了政策依据和制度保障。

14.2.2 地下空间开发利用的现实需求

第七次全国人民防空会议指出：要把民防工程作为地下空间开发利用的重要载体，更好发挥地下资源潜力，形成平战结合、相互连接、四通八达的城市地下空间。上海市第七次土地规划工作会议也明确“地下空间不是地下室，要统一规划、整体开发，建设互联互通的地下战略空间”“地下空间是城市重要战略资源，要建设地上地下一体化立体型城市”。20 世纪 90 年代以来，上海地下空间建设由民防工程、地下管线为主转向以地下交通系统为主体延伸开来的大型综合地下设施建设，中心城区悬殊的级差地租更加速了地下空间向多主体综合开发、多层次综合利用的趋势。从土地资源看，城市用地严重不足，核心区域土地资源日益稀缺，地下空间作为重要战略资源，民防工程作为重要载体，依托社会资本，实施投融资改革，可以更好地向地下要空间、向开发要效益，在保证战时功能的前提下，促进实现社会效益和经济效益的平衡。从城市发展看，已经转入存量更新为主的发展阶段。空间容量上，总量锁定、增量递减，存量有待优化。当前民防工程大多由地上建筑物配建，而在绿地、广场、公园等区域，无地面建筑物的情况下，探索推进地下空间开发，将大大优化土地资源利用、助力塑造城市功能，推进地上地下一体化立体型城市建设。从工程布局看，中心城区、建成区民防工程的布局结构不尽合理，建设总量明显不足，防护效能存在明显差距。在结建工程趋于饱和的情况下，融入区域规划和城市更新，吸引社会资本参与，精准选点、集中配建、统筹开发、共生发展，将在优化工程布局、提升防护能力的同时，更好地促进区域经济发展。

14.2.3 市场驱动下改革的独特价值

回顾上海投融资体制改革历史，从建立举债机制，扩大政府投资规模，到土地批租，大规模挖掘资源性资金，再到资产运作，扩大社会融资，逐步实现了投资主体由单一到多元、资金渠道由封闭到开放、投资管理由直接到间接的转变，形成了“政府引导、社会参与、市场运作”的投资格局。这对于破解城市建设中交通拥挤、住房紧张、环境污染等“三大矛盾”起到极为重要的作用。地下空间开发作为转变城市发展方式、治理“城市病”的重要着力点，在此过程中得到了长足发展和有力保障。当前，在地下空间开发、民防工程建设领域，创新投融资机制，引导社会资本在价值驱动下，将市场机制运用到建设、运营、管理、维护等各个环节，创新模式，压实责任，既促进建设，更加强管理。此举对于增加人防设施建设体量、解决工程布局的结构性矛盾、优化民防资源配置、发挥平时服务功能、贯通建设经营管理、节约控制成本，落实法人主体责任、强化日常维护管理，具有独特的实用价值。

14.2.4 健全多元主体参与的建设格局

民防工程建设资金主要由政府和社会共同负担，一方面，政府通过财政拨款、专项经费形式，给予民防部门专项建设资金，满足民防设施建设需要；另一方面，社会主体一般通过结建民用建筑修建防空地下室（结建民防工程）履行应尽的法律义务，特殊情况下政府对其进行人防易地建设费的征收。此外，当前作为政府投资和法律结建的重要补充，社会资本投资的空间和动力不足，投融资作为市场经济条件下配置资源的重要手段，能够有效激发市场主体活力和内生动力，参与民防工程建设，协同构筑韧性城市。就城市发展阶段和更新要求而言，上海已经到了鼓励支持社会多元化投资，提高民防工程建设质效，打造平战结合精品民防工程的阶段，这也是推动民防更好融入服务高质量发展的必经之路。

14.2.5 各地改革探索实践的案例支撑

政府与社会资本合作开展城市地下基础设施建设，有很多成功经验和案例。大型工程如北京地铁 4 号线、南京地铁 2 号线、南京新街口地下商城、辽宁朝阳新华广场地下人防商业街工程等，多采用 BOT 模式（“Build - Operate - Transfer”，意为“建设—经营—转让”，是私营企业参与基础设施建设，向社会提供公共服务的一种方式），这是政府与承包商合作建设和经营基础设施项目的一种特殊运作方式。此种模式在基础设施的民防工程领域探索实践较早，但推广应用不足。近年来，兄弟省市在苏州索山公园民防工程、盐城建军路民防工程、昆明白云路地下民防工程等又进行了探索。上海早在 20 世纪 90 年代，就全国首创采用中外合资模式，建成香港名店街项目；2020 年宝山区结合城市更新项目，与社会资本联手一体化开发“地下民防工程＋民防科普教育基地＋生态环境绿化”综合性项目。目前，上海民防工程投融资案例还相对较少，需要加大探索实践、总结推广力度，变“盆景”为“风景”，切实当好民防事业改革开放排头兵、创新发展先行者。

14.3 发展方向

民防工程建设投融资改革，应按照“平时战时深度融合、地上地下协同规划、防空防灾统筹建设”的要求，进一步鼓励社会投资特别是民间投资，盘活存量、用好增量，调结构、补短板，主要在“五个点”上下功夫。

14.3.1 找准平衡点，践行人民城市建设重要理念，凸显投融资改革价值

坚持“人民城市人民建，人民防空为人民”的理念，立足于融入上海超大城市地上地下一体化建设大局，着力保障和改善民生，促进经济社会发展。构筑为国强防、为民铸盾的“生命工程、民生工程、民心工程”，让民防的人本价值“可落地、可感知”。找准民防工程社会效益和经济效益的平衡点，在确保民防工程属性和防护功能设施完好的基础上，加大对民防工程平战结合、平时服务、市场价值的研究，加大对民防工程作为公共产品供给的实现路径的探索。紧盯群众“急难愁盼”的民生问题，在“停车难”综合治理等方面提供资源；紧盯基层治理创新的瓶颈矛盾，在公共安全教育、公共活动空间等方面提供保障；紧盯涉及企业、商业、服务的营商环境短板，在解决发展空间受限、助力创新创业等方面提供支持，以此引导和吸引市场主体参与，拓宽社会多元投资渠道。

14.3.2 明确切入点，落实人防专业规划，牵引推进投融资改革

在民防规划编制和实施中，增强系统观念、体系思维和前瞻谋划，注重规划适合投融资的区域和地块，引入适合投融资的主体和项目，配套促进投融资落地的政策和模式。

（1）抓规划编制，把握投融资需求。面向“十四五”以及更长时期的民防建设发展，市区两级应立足贯彻落实人防专业规划，编制民防工程专项规划、骨干工程布局规划，聚焦重点地区、重要地块、中心城区、建成区等，梳理具有投融资潜力、适合投融资管理的地块、区域或项目，并及时向社会主体开放共享，将投融资需求有效体现在人防专业规划、工程专项规划中。

（2）抓规划对接，创设投融资条件。主动协同发改委、规资局、建交委、绿化市容局等部门，加强与相关区域规划、国土空间规划、新城建设规划，以及专项规划的配套衔接，为民防工程建设投融资改革打好基础、创造条件。

（3）抓规划落地，推进投融资落实。注重纳入区级单元规划、控制性详细规划、修建性规划，嵌入土地出让条件，进入大基系统，确保民防工程能落地，投融资改革易操作。

14.3.3 找准发力点，聚焦城市更新、旧区改造、“五大新城”等规划建设，助力塑造城市功能

民防工程建设投融资改革需要于变局中开新局，必须找准发力点、突破口，形成创新点、增长极，切实发挥开路先锋、示范引领、突破攻坚的作用。

(1) 注重在中心城区、建成区等区域布局。深入挖掘中心城区、建成区重要的地下空间资源，一方面，运用分层开发、互连互通等方式，加大既有民防工程开发利用；另一方面，充分利用地面开放空间，如绿地、公园、广场等公共空间，充分发掘相应的地下空间，拓展民防工程建设边界。两相结合，在优化工程布局，突破结构性瓶颈的同时，吸引社会资本参与，实现补差提升，变先天不足为后发优势。

(2) 注重在城市更新、旧区改造中发力。充分把握城市更新区高密度、适宜立体开发的特征，抓住建成区二次开发的机遇，提前对接旧区改造和城市更新项目，串联地区交通和公共服务设施，用好城市存量空间，探索引入公共业态，加快探索民防工程融入超大城市有机更新的新路径、新模式。

(3) 注重在"五大新城"规划建设中创造。落实《关于本市"十四五"加快推进新城规划建设工作的实施意见》，融入地下空间统一规划和成片联网，推进重点地区民防工程统筹开发、集中配建。同时，统筹平衡、合理配置指挥、医疗、专业队等骨干民防工程以及人员物资掩蔽工程、兼顾设防工程等，为推行投融资改革、实现地下空间开发的成本效益平衡创造条件。

14.3.4 把握支撑点，健全完善政策制度，有效提振市场主体信心

《中共中央国务院关于深化投融资体制改革的意见》指出，要发挥好政府投资的引导和带动作用，充分激发社会投资动力和活力，并就转变政府职能、创新融资机制提出了明确要求。

(1) 在民防工程建设领域，应着力推进投融资管理制度化，健全完善配套的政策制度、操作的程序流程，统一标准、统一规范，明确社会资本参与的权利义务、行业产业准入、办理他项权证，更好地保障经营权和使用权。

(2) 推进投融资政策公开化，平等对待各类投资主体，大力宣传相关政策制度，促进社会资本掌握参与方式、运营方式、盈利模式、投资回报等，为社会资本参与民防工程建设"多设路标、少设路障"。

(3) 推进投融资运作便利化，切实落实国家人防办《关于扎实推进人防系统简政放权努力构建现代人防建设市场体系的意见》，发挥政府投资的引导和带动作用，建立公平开放透明的市场规则，营造权利平等、机会平等、规则平等的投资环境，完善政府和社会资本合作模式，增强市场主体的投资信心，激发社会投资潜力和创新活力。

14.3.5 抓好示范点，总结推广典型案例，发挥改革示范和溢出效应

高举浦东开发开放大旗，深化浦东国家级人防改革试验区建设，推进实施新一轮人防改

革 2.0 版，在民防工程投融资改革方面先行先试、创新实践。选择一定区域内市场价值较高的民防新建改建工程，鼓励和支持有意愿、有实力的市场主体参与民防工程建设。运用市场化手段，探索采取股份、独资、项目融资、合资合作、特许经营、BOT、TOT（"Transfer - Operate - Transfer"，意为"移交—经营—移交"，是一种通过出售现有资产以获得增量资金进行新建项目融资的新型融资方式）等多种方式，在引导参与中创新建设模式并开发创新机制。打造具有时代特征、上海特点、人防特色的民防工程投融资精品样板项目，加强跟踪指导，及时总结经验，发挥示范引领作用，彰显投融资改革的现实价值和辐射效应（图 14-1）。

图 14-1　民防办与片区管理委员会事项交接备忘录签约仪式

15 新渠道——做强人防宣传提升社会动员能力

15.1 目的意义

《中华人民共和国人民防空法》明确提出:“国家根据国防需要,动员和组织群众采取防护措施,防范和减轻空袭危害。”人防工作与人民群众切身利益息息相关,其本质属性是人民性,核心关键就在于社会组织和动员。人防在社会层面的宣传是社会组织和动员的重要载体,也是重要纽带。这决定了对人防系统既要“善做”,也要“会说”,理应加大社会层面的宣传力度,多说、常说,说好、说透,让“战时防空、平时服务、应急支援”的职责更加生动形象,让群众对“战时保护人民、平时造福人民”的特征特点更有体验感和满意度,让群众感受到人防就在身边,人防离不开你我他。

随着国家安全形势发生深刻变化,国防动员和人防战备要求发生深刻变动,传统的社会组织和动员方式已不能完全适应发展需求、符合群众需要。特别是当前,媒体格局、舆论生态、受众对象、传播技术都在发生着深刻变化,互联网正在媒体领域催发一场前所未有的革命。

一方面,受众面临着“信息过载”“信息茧房”所造成的注意力或判断力缺失,对人防社会层面的宣传带来了现实挑战。“信息过载”指的是大众媒介中的信息量大大高于受众所能消费、承受或需要的信息量,大量无关、冗余的数据信息严重干扰了受众对有用信息的准确选择。与此同时,“信息茧房”则是指人们在信息领域习惯性地被自己的兴趣所引导,从而将自己的生活桎梏于像蚕茧一样的“茧房”中,对所处的信息环境失去完整的判断。在这种情况下,人防宣传更有赖于在时、度、效上下功夫,精准触达目标群体、培养受众合理预期,有效增强引导群众和动员社会的能力。

另一方面,人防在社会层面的宣传意识、能力、平台、载体等建设相对滞后,传播力、渗透力、影响力均有待大力提升。随着近年来公民互联网问政意识加强,参与社会治理的意愿强烈,直接考验人防宣传的发布能力和舆情素养。而战时防空、人防战备宣传因其政治性、敏感性,致使不敢说、不愿说、不会说的现象时有发生,人防宣传依托主流媒体、各类社会宣传阵地扩大影响，依托自有平台突出首发效应，都有很大提升空间。

因此，人防宣传需要适应分众化、差异化的传播趋势，着眼大局、放眼社会，借船出海、借势发力，共享资源、汇聚合力，实现上下联动、内外连通、力量整合；善于寻找机会、创造亮点、制造热点，学会运用宣传来宣讲主张、凝聚共识、激励队伍、推进主业。在理念思维、体制机制、内容生产、投放渠道、手段方法等方面不断创新，精准定位受众，善于设置议题，形成全方位、多层次、多声部的主流舆论矩阵，加快构建舆论引导新格局。

15.2 总体要求

全面贯彻落实习近平总书记关于新闻舆论工作的重要论述，践行举旗帜、聚民心、育新人、兴文化、展形象的使命任务，奋力开创人防宣传工作新局面，努力营造全社会关注、认同、支持和参与人民防空的良好氛围，做到坚如磐石、话语响亮、生机勃勃，为人防事业转型升级和高质量发展提供强大的思想保证、舆论支持和精神动力。一是坚持党管宣传。坚持和加强党对人防宣传工作的全面领导，牢牢把握正确的政治方向、舆论导向、价值取向，引导将增强“四个意识”、坚定“四个自信”、做到“两个维护”落脚到人防军事斗争的思想保证、组织动员和工作准备上。二是坚持以人为本。秉持“人民防空为人民”，善用老百姓听得懂的语言、信得过的典型、看得到的事实开展人防宣传，让群众爱听爱看、产生共鸣，充分发挥正面宣传鼓舞人、激励人的作用。三是坚持系统观念。适应全媒体时代发展要求，围绕上海民防现代治理体系建设，统筹人民防空的政务活动宣传、政策法规宣传和科普知识宣传，积极构建大宣传格局。四是坚持守正创新。始终以团结稳定鼓劲、正面宣传为主，把握时、度、效，巩固和壮大人防新闻舆论阵地。适应分众化、差异化的传播趋势，强化形势宣传、成就宣传、主题宣传、集中宣传、典型宣传，提高社会层面的宣传质效。

15.3 拓展丰富人防宣传内容

1. 贯彻落实上级决策部署，强化形势宣传，彰显地位作用

(1) 重点抓好贯彻落实习近平总书记关于人民防空工作重要论述的宣传，彰显“人民防空是国之大事、是国家战略、是长期战略”的定位，体现“坚持人民防空为人民，铸就坚不可摧的护民之盾”的作用。

(2) 重点抓好贯彻落实中央、上海市委关于“十四五”规划和2035年远景目标，深入推进落实《上海市人民防空建设发展“十四五”规划》《上海市人民防空建设专业规划(2021—2035)》的宣传，展现树牢总体国家安全观，构筑适应超大城市发展需求的现代人民防空体系

的作为。

(3) 重点抓好贯彻落实中央、上海市委、市政府和上海警备区关于人民防空工作决策部署的宣传,凸显上海人防系统军地共同领导的体制优势,坚持“战备为先、防空为要”,忠诚履行“战时防空、平时服务、应急支援”职责使命。

2. 围绕人民防空工作主责主业,强化成就宣传,展示担当作为

充分体现人民防空“战时保护人民、平时造福人民”的职能属性和机构形象。

(1) 大力宣传人防融入军事斗争准备的积极成效,聚焦人防战备,紧扣国防动员,展示组织指挥、训练演练、工程防护、重要经济目标防护等重点工作成果。

(2) 大力宣传人防融入经济社会发展的独特价值,突出平战结合,建设人民城市,展示人防为民、服务民生,“我为群众办实事”、解决群众“急难愁盼”问题的生动实践。

(3) 大力宣传人防融入城市应急管理的特色亮点,服务城市治理,构筑韧性城市,展示防护救援、人防专业队建设、民防工程规范化使用、人防疏散基地、应急避难场所建设等方面的工作实效。

3. 围绕服务大局深化改革创新,强化主题宣传,敢当时代先锋

充分展现人防在对接国家战略、融入区域发展、创新城市治理中,所发挥的开路先锋、示范引领、突破攻坚的作用。

(1) 积极宣传人防系统对接长三角一体化国家战略,牵头长三角城市群防护工作,深化人民防空区域协同发展示范,着力形成上海标准和样板。

(2) 积极宣传人防系统高举浦东开发开放旗帜,深化“国家级人防改革试验区”建设,推进新一轮人防改革的举措。

(3) 积极宣传人防系统融入“放管服”改革,强化事中事后监管,全面对接“一网通办”,积极引导行业自律,助力优化营商环境。

(4) 积极宣传人防系统推进数字民防建设,全面对接“一网统管”,打造智能应用场景,用数字化方式破解治理难题。

(5) 积极宣传人防系统深化科研工作,实施科技铸盾强防工程,探索新技术、新材料、新工艺、新设备“四新”成果运用。

4. 围绕提升社会组织动员能力,强化集中宣传,引导公众参与

(1) 依托人防法治宣传,解读人民防空法律法规和政策制度,引导认清政府组织、社会团体、企事业单位所担负的人民防空职责任务,国家公民、社会成员和社区居民所拥有的人民防空权利、义务和责任。

(2) 依托人防宣教“六进”,面向社会公众宣传普及人口疏散、人员掩蔽、防护救援等人

防知识,引导社会各界和公众进一步认识、理解和支持人民防空工作。

(3) 依托全民国防教育日人防集中宣传,拓展平台载体,创新方式方法,提高人民防空社会层面的宣传实效,引导公众增强国防观念、人防意识和防护技能。

5. 围绕新时代人防系统队伍建设,强化典型宣传,弘扬民防精神

紧扣"讲政治、爱民防、精业务、干成事"的队伍建设主线,加大民防队伍宣传力度。

(1) 注重发掘和宣传人防系统全面从严治党、夯实基层党建的具体举措和典型案例。

(2) 注重发掘和宣传人防系统学党史、悟思想、办实事、开新局的实例和实效。

(3) 注重发掘和宣传推进落实党建队建"1+X"制度体系、激发队伍动力活力所取得的成效。

(4) 注重发掘和宣传人防队伍中涌现出来的先进典型和感人事迹,大力弘扬"对党忠诚、勇于担当,敢为人先、追求卓越,心怀大局、知责有为,无私奉献、强盾固防"的民防精神。

15.4 构建人防宣传大格局

15.4.1 创作新闻产品,打造宣传品牌

上海市、区民防部门共同建设民防融媒体,着力打造人防宣传"中央厨房",协同创作有思想、有温度、有品质的优秀民防人防宣传产品。打造民防政务新媒体,建好用足上海民防门户网站、政务微博、微信公众号等权威发布平台。上海民防微信公众平台荣获"2020 年度中国优秀政务新媒体"称号。打造民防平面媒体,办好《生命与灾害》《上海民防之声》等科普期刊。《生命与灾害》连续两年入选 BIBF"中国精品期刊展",2021 年成功亮相"中国共产党建党 100 周年主题宣传精品期刊"板块。注重利用全市防空警报试鸣、全民国防教育日等重大活动和重要节点,统一策划设计,制作并发布高质量、广覆盖、易传播的宣传作品。2021 年度投放社区海报 18 万份、各类广告位 4 600 多个、显示屏 1.06 万个。注重个性化制作、可视化呈现、互动化传播,让更多受众爱看爱听爱用。注重与社会专业机构、专业团队等合作,不断提高新闻产品品质。与 B 站 UP 主合作拍摄的民防科普宣传片《穿越上海》超 260 万次播放、27 万次互动,被评为 2021 年上海市优秀科普短视频。

15.4.2 注重市区联动,建立宣传矩阵

统筹网上网下资源、内宣外宣力量,推动建立链接上下、联通内外的人防宣传矩阵,促进市区两级人防政务信息、新媒体、平面媒体及相关宣传平台的有效融合、资源共享。充分发挥市级人防宣传部门的牵引作用,坚持移动优先、纸媒深度的定位,提高"两微一网一刊一

报”的渗透力影响力。充分发挥各区、街镇等人防宣传部门的主体作用，建立与区宣传、融媒体中心等部门的常态联系机制，依托区级全媒体传播体系，进入区级主流媒体平台和各类公共宣传阵地，拓宽民防宣传渠道，形成多渠道投放、立体化传播的态势。协同做好全市性重大宣传活动，发挥市、区、街镇、居村上下联动、同向发力、整体发声的作用，形成整体策划、多点开花、亮点纷呈的人防宣传效果。

15.4.3 善用媒体力量，建立协作机制

加强与宣传、新闻等主管部门联系，完善媒体平台沟通协调机制。对接中央媒体、市级媒体，与主流媒体、新兴平台建立合作关系和推送机制，做到精准发力、广为发布。如上海民防融媒体成立以来，相关政务信息在主流媒体发布达 1 100 余次，有效提升了民众的国防观念、人防意识和防护技能。建立完善主流媒体和信息平台合作机制，细分目标人群，合理布局民防新媒体入驻。借助专业媒体资源和力量，针对民防重点工作宣传议题、重要节点宣传主题，开展专题宣传，制作宣传产品，提高民防宣传专业性和吸引力。

15.4.4 畅通沟通平台，回应社会关切

积极推动面向群众的双向沟通平台建设，健全民防联系服务群众长效机制。灵活运用各类媒介平台，拓宽人防部门听民声、察民情、聚民智、解民忧的渠道和途径。常态化举办新闻发布会、媒体通气会，善用电台广播、网络直播、在线访谈、网上调查等方式，及时做好民防活动发布、政策制度解读，把握群众诉求，回应群众呼声，充分发挥人防宣传平台的桥梁作用。

15.4.5 加强舆情监测，提高引导能力

建立涉及上海人防网络舆情、虚假信息的监测、预警、溯源、甄别、消除等处置机制。加强对涉及人防热点焦点问题、突发事件及社会敏感事件的舆论引导，第一时间介入、第一时间发布，形成权威声音，赢得舆论主动。依据“快报事实、慎报原因、求实为本、依法处置”的原则，迅速妥善地应对舆情事件，及时准确地发布有关信息。

15.5 强化人防宣传工作保障

15.5.1 强化组织保障

高度重视人防宣传工作，主要领导干部亲自抓好人防重点工作、重要节点、重大活动宣传，亲自安排、靠前指挥、强力推动、充分保障。年内至少听取一次人防宣传工作汇报，研究

人防宣传的重大问题和保障工作，部署推进全年人防宣传工作安排。市区两级人防部门应配齐配强人防宣传联络员，建立更为紧密、畅通的宣传带动、信息互动、协调联动机制。

15.5.2 强化机制保障

建立人防宣传专题策划、宣传重点热点提示机制，提高人防宣传系统性和精准度。建立人防宣传审批审核机制，确保发布快速、及时、准确。建立人防宣传工作定期通报讲评、宣传效果传播分析机制，加强目标管理考核，提高宣传工作水平。

15.5.3 强化队伍保障

抓实抓好人防宣传人才培养、岗位培训、教育引导等工作。坚持"一专多能"，加强"策、采、编、审、发"各环节的专业培训。落实"增强脚力、眼力、脑力、笔力"的要求，努力打造一支政治过硬、本领高强、求实创新、能打胜仗的宣传思想工作队伍。

15.5.4 强化纪律保障

严格遵守党的宣传纪律、政治纪律、工作纪律，守住底线、不越红线、筑牢防线。严格遵守保密纪律，切实维护网络和信息安全。决不允许发表政治立场不正确的言论，决不允许不按程序擅自发布信息。

16 人民防空袭风险案例

16.1 防空警报试鸣案例

16.1.1 事例

警报试鸣是检查警报设施性能状况、音响覆盖范围的基本手段，也是提升市民国防意识的重要措施。上海防空警报试鸣于 2000 年和 2001 年分别在嘉定区和闵行区（吴泾地区）的部分地区进行试点，是全国范围内较早尝试开展此项工作的城市。此后，上海民防逐步“由点到面”不断探索推广警报试鸣工作，2007 年，上海市政府颁布了《上海市防空警报管理办法》地方性法规，2008 年起在全市警报试鸣，现已成为常态性工作，每年在全民国防教育日开展（图 16-1）。本案例以 2021 年 9 月 18 日（全民国防教育日）在上海全市范围（除浦东、虹桥国际机场地区外）组织实施的防空警报试鸣活动为例，简要介绍此项工作。

16.1.2 工作内容

2021 年 9 月 18 日上午，全市参加试鸣的警报器于 11 时 35 分至 11 时 58 分先后鸣响了预先警报、空袭警报和解除警报等三种信号。结合本次警报试鸣，全市各区共组织 200 多个街道乡镇（含园区、开发区）的 2 000 多个居民小区、1 500 多所学校，计 200 余万人参加防空演练。在保持往年较好做法的基础上，进一步取得创新与突破。

1. 提高政治站位，周密计划部署

2021 年年初，上海市民防办将防空警报试鸣工作列为年度重点工作，在广泛征求各区政府、市相关部门（单位）意见的基础上，于 6 月下旬和 7 月中旬先后向上海警备区和市政府上报《关于在今年全民国防教育日组织防空警报试鸣的请示》。市政府于 7 月 1 日印发《上海市人民政府办公厅关于转发市民防办制订的〈上海市 2021 年防空警报试鸣方案的通知〉的通知》。紧接着市政府召开防空警报试鸣工作部署会，进一步明确工作要求，市区两级分别成立防空警报试鸣指挥部，扎实推进相关工作。

2. 科学组织准备，抓好疫情防控

一是科学计划，精心编制方案。在总结历年全市防空警报试鸣及防空演练工作经验的

图 16-1 上海市防空警报试鸣指挥现场

基础上,"早打算、精筹划",科学制订防空警报试鸣工作计划和方案,编制的《2021年防空警报试鸣方案》更加注重方案的创新,考虑军事斗争准备的实际需求。二是夯实基础,精心检测维护。市区两级民防部门利用视频会议系统组织防空警报技术保障人员和警报专管人员培训,让保障人员能更好地熟知和掌握警报设备的操作要领以及注意事项。在此基础上,各区根据市民防办的统一部署,对参加试鸣的警报器进行逐一检测和维护保养。为确保警报信号发放有线、无线控制的可靠性,市民防办组织相关技术保障单位对通信线路逐一进行测试,警报发放有线、无线控制信号总体效果达到预期目标。三是结合疫情防控要求,创新组训方法。按照分批次、小集群、多频次计划,扩大参演社区范围,压缩每次组织规模,控制每次参演人数,以多点、小规模、流水形式实施防空演练。市区两级全面发动,齐心协力,高效管控全程,妥善应对疫情变化,社区民众、学校师生、企事业单位的演训参与度有了新提升,社会面宣传遍地开花,防空警报试鸣期间的参演人数创出历史新高。

3. 强化媒体报道,各方协同配合

上海市民防办组织协调相关部门(单位),按照职责分工,积极落实相关工作。上海广播电视台融媒体中心在上海电视台新闻综合频道同步直播防空警报试鸣及防空演练,取得了很好的效果。市文化旅游局指导广播电视播出机构按照警报试鸣方案要求市区两级新闻传媒单位充分利用广播电视做好警报试鸣的宣传告知。市通信管理局积极协调电信、移动、联通等企业利用手机短信向在本市的手机用户全网普发宣传告知警报试鸣信息。市气象局制定细致的工作方案，通过市突发事件预警信息发布中心在上海全频道电视、东方明珠移动电视不间断发布滚动字幕；警报试鸣期间在全市高速公路和高架道路电子显示屏发布警报试鸣信息。上海电信公司组织相关单位和人员全力保障800兆政务网人防指挥网终端设备和全市警报专线畅通。市公安局就落实安保措施提出具体工作要求，全力做好防空警报试鸣期间安保工作，在警报试鸣当日出动警力，在人员密集场所和区域加强巡逻，做好本市高架、隧道、交通主干道的交通管理，通过交通频率和110报警服务台做好宣传与解释工作。驻沪部队及时将警报试鸣的有关安排通报所属单位，组织部队做好相关工作。市属相关园区、管委会按照全市统一部署，认真落实本区域的警报试鸣信息告知工作。市经济信息化委、市商务委、市人力资源社会保障局、市教委、市司法局、市应急局、市住房城乡建设管理委、市卫生健康委、市政府外办、市文化旅游局、市地方金融监管局、市绿化市容局、市交通委、上海海事局、中国铁路上海局集团、市电力公司等部门（单位）也针对本系统、本行业的特点，积极组织采取相应的安全防范措施。各部门（单位）的密切配合，保证了警报试鸣的顺利进行。

4. 严格训练标准，注重演练实效

围绕市民防办“2021演训年”的要求，各区民防办严格训练标准，以实战标准组织做好社区居民的演练。各部门根据市统一部署，精心制定防空演练实施方案，成立演练领导小组，召开专题会议进行部署，还组织机关人员和民防志愿者深入社区进行指导，实地查看演练场地，发现问题及时指出、纠正。各街（镇）指导辖区居委会组织开展防空演练，分管领导亲自担任指挥，认真研究制定演练方案，积极组织居民群众参加演练。在正式演练前，多数单位还组织参演人员熟悉演练方案，明确人员编组、疏散路线和集结地点。为让更多的市民参与防空演练，许多居委会干部还挨家挨户进行宣传动员，提高了市民的参演率，使演练取得了良好效果。

5. 把握时代特征，广泛宣传告知

一是适应全媒体时代传播特征，通过市预警发布中心、上海广播电视台、东方明珠移动电视、高架道路电子情报板、门户网站，以及“上海发布”“上海预警发布”“上海市天气”微信、微博等渠道，全面广泛发布9月18日全市范围试鸣防空警报的通告，全网发放防空警报试鸣告知手机短信，同时以“一张宣传海报配一张通告”形式张贴宣传海报、市政府通告，确保在警报试鸣时全市保持正常的工作和生活秩序，无意外情况发生。二是广泛宣传，线上线下协同。以线上为主，线下配合，协同推进防空警报宣传工作，提升宣传告知覆盖面，广泛动员各级力量开展防空警报试鸣宣传告知工作。在发放宣传海报和市政府通告的基础上，同时发放《上海民防之声》《生命与灾害》《那些年那些人那些事》《人民防空宣传折页》等宣传资料。9月7日，市政府新闻办会同市民防办专门召开新闻通气会，进一步扩大防空警报试鸣及防空演练的媒体知晓面。市区两级相关广播、电视、报纸、网站等新闻媒体积极播发防空警报试鸣相关信息。三是打通社区民防工作"最后一公里"。与大数据中心、随申办合作，上线国内首个"民防地图"小程序，该小程序汇聚民防工程、应急避难场所、民防宣教场所的地理信息，方便群众利用手机查询，有效回应了"防空警报响起往哪里躲""身边的民防工程在哪里""民防知识哪里学"等民众关心的热点焦点问题。

16.1.3 启示

2021 年，上海全市警报试鸣活动取得了良好成效，也发现一些薄弱环节，带来的主要启示有以下三点。

一是要积极推进防空警报"十四五"规划建设。2021 年是"十四五"开局之年，在持续全面推进防空警报"十四五"规划建设的基础上，进一步加强防空警报设施建设管理，在防空警报二次发放、防空警报设施专用房建设等方面取得更大的突破，确保战时"拉得出、打得响"，着力推动人防军事斗争准备向纵深发展。

二是要做好防空警报器补点和日常管理。根据音响警报信号的实际覆盖情况，继续组织对高层建筑密集区、城市繁华区等高噪声区域及新建城区的警报设施进行补点，力求使全市的警报音响实际覆盖率得到进一步提高。同时，持续做好全市警报维护人员队伍建设，加大培训和管理力度，努力实现防空警报管理人员"一专多能"。开展警报设施日常管理常态化检查督导工作，确保全市警报设施始终处于良好状态。

三是要不断创新手段增强市民国防观念。针对民众防护工作特点，以社区居民和在校学生为重点，加强警报、疏散掩蔽等人民防空知识和技能的宣传教育和培训力度，经常性、规范化开展人民防空演练，进一步增强广大市民的国防观念、民防意识和防空自救互救的技能水平。

16.2 人民防空行动演练案例

16.2.1 演练案例

2019 年 5 月 28 日下午，在上海市委、市政府领导下，在上海警备区具体指导下，由上海市民防办牵头组织的人民防空行动演练在位于奉贤的某消防训练基地成功举行。此次演练，以习近平新时代强军思想为指导，以信息化条件下上海城市防空作战为背景，以多级人防指挥机构演练任务为牵引，立足未来上海人民防空面临的复杂条件，突出对抗性、体系性、检验性，探索新装备、新手段、新战法的运用，重点围绕"接受命令、筹划工作""定下决心、组织协同""发放警报、综合防护""快速救援、联合消救"等内容，检验军地联合指挥、新型力量运用、实战标准要求、创新成果转化，采取时间压缩、场地位移、目标模拟、现场实演、综合显示的方式，进行现地实兵演练。演练中，高水平科研成果担当演兵场主角，目标重点防护、预警全员覆盖，一组情况、各支队伍接力行动，充分体现了军地联动、新型力量、科创成果的实战化运用，有效锤炼提升了本市人民防空遂行“战时防空、平时服务、应急支援”的使命任务能力。

16.2.2 工作内容

百米烟幕中空抛雷形成拦截网，熊熊火焰前救援队铸就“铁壁铜墙”，直升机、无人机、各式车辆形成立体防护力量……5 月 28 日，上海市人民防空行动演练展示出的一系列新器材、新战法，让观摩人员印象深刻(图 16-2)。

图 16-2　人民防空行动演练现场

上海是我国经济、贸易、科技创新中心，被誉为“改革开放排头兵、创新发展先行者”。近年来，上海人防系统充分借助当地经济社会发展的先行优势，把防护器材更新换代与战法研究创新、专业队伍能力锤炼结合起来，为铸就坚不可摧的护民之盾奠定了坚实基础。

1. 新装备担当演兵场主角

近年来，防范无人机对重要目标进行攻击，成为防空袭斗争面临的新课题。演练中，闵行区人防专业队运用“低空神盾”无人机防控系统，成功破解了这道课题。他们采取无线电压制、卫星导航诱骗等手段，中断“敌”无人机群与地面操控手的通信联络，使其迫降成为“瓮中之鳖”。这套防控系统具有无线电侦测、雷达探测、光电跟踪等多项功能，可通过高精度、多频段、全维度的低空探测，实现对“低、慢、小”飞行目标的有效识别和连续跟踪，达成迫降、驱离等反制目的。

“低空神盾”无人机防控系统为防护目标戴上“金钟罩”，消防机器人则在消除空袭次生灾害中大显神通。空袭最易引发火灾，这类火灾不仅火势大，而且掺杂着不少有毒有害物质，扑救起来非常困难。而消防机器人既能喷射水柱精准压灭火点，也能以“金刚不坏之身”抵御有毒有害物质的侵袭，完成常人难以完成的任务。

无人机防控系统和消防机器人，只是上海人防系统运用高科技提高防护能力的一个缩影。演练期间，上海人防系统展示出来的100余套各类装备器材让人眼前一亮，这些装备器材涉及指挥通信、末端抗击、应急救援等各个方面，具有较高的自动化、智能化水平。

2. 为重要目标织就保护网

在人们印象中，空情预警的方式是拉响防空警报。演练中，参加人口疏散演练人员首先听到头顶“呜——呜——”的警报声，紧接着又听到了身上手机响起的“嗡——嗡——”短信提示音：敌机即将对我市实施空袭，请大家不要惊慌，听从引导人员指挥，迅速进入附近人防工程隐蔽……同时，巡检无人机开启持续喊话模式，志愿者引导群众有序疏散。

针对大城市人口密度高、流动性大的特点，上海市民防办将防空警报信号纳入全市应急信息发布系统，实现固定音响警报信号与手机移动终端、广播电视等手段联动，以语音、文字等形式同步发送，确保户外与户内、地上与地下的人员全部接收到警报信息。

民众对防空警报的知晓率要达到100%，重要经济目标的防护也要万无一失。

在演练现场，巨大的烟雾笼罩住防护目标，空中满是闪闪发亮的金属箔片和火红色的热源点，数个黑色氦气球悬挂着角反射器腾空而起……人防伪装干扰专业队利用高新装备，抛射箔条干扰弹、红外诱饵弹，对“敌”采用隐藏、迷惑、干扰等多种方式，为重要目标织就多道保护网。此次演练，人防系统将重要经济目标防护与人员疏散隐蔽放在同等重要位置，设置综合课目，开展实兵实地训练，为战时确保人员、目标双重安全摸索方法路子。

3. 专业力量密切配合联动

“接到上级指令，进入倒塌建筑物内开始搜救行动……”演练中，现场指挥员一声令下，8支人防专业队并肩上阵：搜救队利用先进器材发现“被埋人员”，医疗救护队对“伤员”进行紧急救治，并动用直升机转运“危重伤员”；工程抢修队利用大型机械对倒塌建筑物起吊清理，配合对“被埋人员”的搜救；防化洗消队对“受污染区域”进行洗消作业，环境监测分队携带复合式气体检测仪、测爆仪等专业设备，全程监测有毒有害气体浓度与危害系数……

一次空袭往往产生多种次生灾害，救援任务十分繁重。上阵的人防专业队既独立作业，又紧密配合，使救援行动环环相扣，效率大幅提高。要充分发挥上海地区行业门类齐全、装备技术先进的优势，不断调整优化人防专业队伍结构。目前，上海人防系统在建强传统队伍的基础上，正加快新型专业队伍建设，做到未来防空袭需要什么专业，就编组什么专业分队(图 16-3)。

人防专业队未来战争中需要经历血与火的考验，把岗位练兵与集中训练、综合演练、实际锻炼结合起来，不断强化队伍的战斗精神，确保遇有任务能够“拉得出、用得上、打得赢”。

图 16-3　核化处置人员模拟对遭袭区域进行的核化侦测

16.2.3　启示

此次演练军民融合、平战结合，把先行优势转化为铸盾胜势，为推进新时期人防建设发展带来“六点启示”：一是提高人防战备政治站位，是做好新时期人防工作的基本要求。以人防战备为主线，围绕中心、服务大局的政治担当、使命意识、责任意识始终挺在人防工作最前头，以实兵实战演练来检验和凸显人防政治站位、职责定位、历史方位，彰显新时代人防的重要地位和独特作用。二是贯彻军地双重领导体制，是新时期人防工作的最大优势。演练全程体现了人防工作军地共同领导的特点，在军地共同领导下，人防工作会有更广阔的发展空间，在军民融合、平战结合的大舞台上争取更大作为。三是发挥人民防空社会动员功能，是做好新时期人防工作的最大基础。以人民为中心，坚持人民防空为人民，人民防空发展依靠人民，是人防事业迎接新时代新挑战的根本依靠。四是加快形成人防新质战斗力，是落实新时期军事斗争准备的硬性要求。信息化条件下局部战争的快速演进，对人民防空的综合防护能力建设提出了新课题、新挑战，必须以实施数字民防、科技铸盾强防工程为契机，稳步提升人防新质战斗力。五是集聚各方形成合力，是新时期人防不可或缺的发展力量。平时的人防建设，战时的人防行动，都是一个系统性工程，涉及多个行业部门、单位，需要各方紧密协同协作、全系统同心同向发力，才能真正担负起人民防空的职责任务，我们要主动做好沟通协调，切实形成齐抓共管合力。六是建设政治过硬、本领高强的人防队伍，是新时期人防发展的根本保证。人民防空机关是组织遂行人民防空行动的骨干力量、中坚力量，必须按照“讲政治、爱民防、精业务、干成事”的建设主线，厚植民防精神，加强能力建设，推动人防事业在新的起点实现新的跨越。

16.3 核事故侦检案例

1. 案例概述

2001 年 4 月，上海某机场货运部放射性危险品仓库报警器发生持续的鸣叫预警，显示有核辐射泄漏。机场货运部门无法查明造成报警的货物，故向民防部门请求协助调查处理。

2. 工作内容

上海市民防办作为上海市核事故和放射性污染事故处置的参与部门之一，民防部门接到某机场协查处置请求后按照处置预案开展应急处置工作。民防部门一方面派出市民防核应急救援队伍前往处置，另一方面组织民防核应急专家组召开紧急会议，研究分析危害和影响，确定应急措施、行动原则，指导处置力量开展工作。

上海市民防核应急救援队伍到达某货运部放射性危险品仓库后，穿戴防护装备，使用核检测仪器对仓库内部货物进行逐一检测，最终发现 4 个货箱辐射剂量超标。民防部门立即要求机场货运部对泄漏货物重新包装托运出库，消除安全隐患。同时要求货运部加强仓库管理及放射性检测。

发生此次事故的原因是由于该放射性货物容器损坏而引发放射性物质的泄漏。

3. 启示

随着核工业和核技术的高速发展，从核武器、核设施到核技术的广泛应用，辐射风险一直是潜在的威胁。民防部门按照战时和平时的职责要求，完善应急预案，健全队伍建制，配置核检测与防护装备，提高技能储备，成立专家团，落实 24 小时值班备勤，做到快速响应，精确侦检、有效处置。一旦发生核与辐射事故，民防部门按照应急预案要求会同相关部门共同处置，开展核辐射监测等工作，充分发挥民防部门平时应急支援快速处置的作用。

16.4 疑似军用毒剂处置案例

1. 案例概述

2006年12月，上海某工厂进行地面施工时发现装有不明液体的容器，其中一只容器发生了破裂，之后又在附近挖掘发现一枚遗弃炮弹。该厂对不明液体进行了初步检测，显示有VX毒剂响应，随即向市联动中心报告。上海市民防办公室接到通知，立即派遣民防防化专业队伍迅速支援现场。

2. 工作内容

上海市民防办接警后立即启动上海市化学事故应急救援预案、上海市防范和处置遗弃化学武器事件专项预案开展应急处置工作。民防部门一方面派民防化救队伍前往处置，另一方面，派遣化学武器领域专家前往现场参与研判。市民防办与防化部队、市消防、医疗、环保、公安等部门对此次事件进行了联合处置。

事故处置中，公安部门及时组织疏散了该厂区周围两栋楼的居民，预防发生次生灾害。民防化救队伍到达现场后，做好防护措施，使用快速检测仪器对不明液体进行检测，检测显示为糜烂性毒剂。使用仪器进一步检测，显示为苯类物质。仪器检测结果不一致，初步判断该物质对仪器有干扰。在专家的建议下，对不明液体进行动物试验，未发现明显军用毒剂症状，基本排除是军用毒剂及剧毒类物质的可能性，判断此不明液体为非致命性毒性液体，由环保部门进行进一步无害化处置。遗弃炮弹按照应急预案由消防特勤收储处置。

3. 启示

随着城市建设发展，战争时期遗留的化学弹、航弹等陆续被发现，上海作为抗日战争、解放战争时期的主战场之一，遗留了不少未爆炸的航弹、化学弹等。近年来，早期战争遗留航弹，因处置及时未发生次生灾害，民防部门参与处置，开展实战侦检，为战时应对核生化武器袭击积累了经验，提高遂行消除空袭后果行动的能力。

17 人民防空工程设施风险案例

17.1 在建民防工程案例

17.1.1 人防门调试过程门扇脱位倾倒事故

1. 事例

2016 年 1 月 2 日下午，某工程在对人防门进行垂直度调试过程中，上端铰页板固定螺栓突然全部从预埋板螺孔中脱离，致使门扇上端压到安装人员上身部位，致其当场死亡。

2. 分析

1）现场勘查

事故人防门为防护单元之间的隔断门，单扇门重约 2.3 t。事故倾倒人防门上端铰页板 4 根固定螺栓掉落在地，观察可见螺栓规格为 M16X45-4.8 级（设计图纸标注为 M16X45-8.8 级），4 根螺栓前端螺牙均有损坏，下端铰页板固定螺栓在位。事故现场环境恶劣，地面有积水，照明度不够。

2）事故发生的原因和事故性质

（1）直接原因：由于施工人员不规范操作，人防门门框垂直度偏差超过设计允许最大值 2 mm 要求，为保证门扇安装的垂直度，施工人员通过增加铰页板与预埋板之间的垫片予以调整，致使螺栓紧固长度未达到设计要求的 20 mm，降低了螺纹连接强度；螺栓螺纹面在先期安装旋入拧紧过程中因多种原因造成损伤，在一定程度上降低了螺纹连接强度。两种因素的叠加，在调试中门扇开启 90°位置重心离固定点最远时，上端螺栓纹过载脱扣，门扇上端倾倒，引发事故。

（2）间接原因：人防门生产安装企业管理不力，人防门安装采取内部承包后，放松了现场管理，未按要求配备专职安全员，质量管理失控，未及时发现门框垂直度偏差超标的质量问题，也未采取针对性的措施。人防门安装施工方案编制不完善，未明确安装质量要求，技术交底不彻底。

（3）事故性质：事故调查组经调查后认定，这是一起生产安全责任事故。

3）事故责任认定及处理建议

（1）人防门安装承包人，未做到人防门门扇铰页板固定螺栓安装质量符合设计要求，对事故发生负有直接责任，涉嫌构成重大责任事故罪，追究刑事责任。

（2）人防门生产安装企业，现场管理松懈，未按要求配备专职安全员，质量管理失控。安装施工方案编制不完善，对事故发生负有责任，依法对其作出行政处罚。

3. 启示

人防门作为完整的产品，人防门生产安装企业应按图纸要求整套发货，包括各类支座、轴承、连接件、销垫、把手、橡胶件等，并应有不同规格备件，以防现场情况发生微调时按需使用。

人防门安装工艺调试人员应经过培训，具备基本的机械、安装、安全等专业知识，严禁无证上岗。

人防门生产安装企业应认识到专业分包的法律地位，按专业分包管理要求，建立体系，编制方案，落实人员，严格管理，履行人防门安装第一责任人的职责。

节假日是施工现场事故多发时段，现场缺少人员监护，无人抢救或抢救时效拖延等均可能导致事故发生和事故升级。

民防工程结构与人防门安装施工之间存在间隔期，工程内积水，照明未按需要到位，在施工条件尚不具备的情况下，现场施工作业环境直接影响人防门安装的质量和施工安全。

17.1.2 钢筋剪力墙倾倒安全生产事故

1. 事例

2019 年 7 月 25 日上午，某商品房建设工程地下车库民防工程施工过程中，现场施工人员在进行剪力墙内预埋管敷设期间，负责按照图纸进行定位和标注的工人从剪力墙上坠落，身体插入竖立在地面上的钢筋，导致胸腹部贯穿伤，马上送医院抢救，经抢救无效死亡。

2. 分析

1）现场勘查

发生事故的剪力墙钢筋构件总长度 5.7 m，高度 6 m，宽度 0.25 m，剪力墙下部中间位置预留了一个人防门的门洞，尺寸为 2.9 m×2 m。剪力墙东侧有一移动脚手架，共三层，每层高度 1.8 m，总高度 5.4 m。

2）事故发生原因和事故性质

（1）直接原因：水电班组的水电工在剪力墙内进行水电预埋管敷设过程中，违章攀爬上未固定的剪力墙钢筋构件。剪力墙钢筋构件发生倾倒，致其从高处坠落，被竖立的钢筋插入身体，经救治无效死亡。

（2）间接原因：施工单位总包安全管理职责履行不到位，未对不同班组交叉作业进行总体协调和管理；施工现场安全管理缺失，未及时发现和制止施工人员的违章行为。

（3）事故性质：事故调查组经调查后认定，此高处坠落事故是一起一般等级的生产安全责任事故。

3）事故责任认定及处理建议

（1）对事故责任人的认定和处理建议。施工单位项目经理没有督促落实项目安全管理责任，未对各班组的交叉作业进行总体协调和管理，对事故的发生负有责任，建议对其进行处理。

（2）对事故责任单位的责任认定和处理建议。施工单位总包安全管理职责履行不到位，未对不同班组交叉作业进行总体协调和管理，违反了《上海市建设工程施工安全监督管理办法》第六条的规定；施工现场安全管理缺失，未及时发现和制止施工人员的违章行为，违反了《中华人民共和国安全生产法》第四十三条的规定，对事故的发生负有责任，给予行政处罚。

3. 启示

施工单位要进一步加强对各班组交叉作业的协调和管理，加强作业安全条件的确认，对危险的作业环节加强安全监督和检查的力度，及时发现和消除事故隐患，确保作业过程的安全。

分包单位要进一步加强对各班组人员的安全培训和教育，提高工人的安全意识，杜绝违章作业。

17.2　在用民防工程案例

17.2.1　早期公用民防工程旧貌换新颜

1. 事例

上海市普陀区黄陵社区甘泉三村 240—241 号和 242—243 号两处地下空间，建筑面积共 904 m^2，建设于 1984 年，原为公用民防工程，现出租作为仓库使用。2015 年根据市民防办《关于公用民防工程退出民防序列的管理意见》规定，该工程退出民防序列，并对其进行综合治理消除结构隐患。

2. 分析

1）主要隐患

甘泉三村 240—241 号楼工程主要存在外墙顶板渗水渗漏、整个地下室渗水严重，疏散通道堵塞、通风孔堵塞等非结构性损坏；甘泉三村 242—243 号楼工程主要存在混凝土板底钢筋露筋和锈蚀的结构性损坏，外墙顶板渗水渗漏、整个地下室渗水严重、通风孔堵塞等非结构性损坏，存在安全隐患。

2）隐患消除

为消除安全隐患，普陀区民防管理部门精心组织实施，运用多种方法和手段治理该工程，如：

（1）施工材料：单组分手刮厚膜型聚脲防水防腐耐磨涂层。该涂料是一种单组分芳香族厚涂型聚脲防腐防水防护涂层材料，与混凝土及钢结构基材具有良好的附着性，施工简便，一次性成膜厚。由于其独特的化学结构，耐化学介质防腐蚀性能卓越，防水性能优异。

聚脲特殊专用封孔腻子。该腻子具有较长的可操作时间，较好的施工性能、封孔性能和优异的层间附着性。

双组分封闭渗透混凝土专用聚脲底涂料。该涂料以高性能聚氨酯树脂预聚体和高分子材料为主要成膜物质，具有流动性能好，对基材渗透性强、封闭性优异、附着能力高等特点。

注浆堵漏聚脲。本产品为双组分快凝聚脲，通过与水混合产生高热量提升材料温度，并使其快速凝固，常运用在水坝排水隧道、地铁隧道等工程中。

高分子纳米丙烯酸盐渗透结晶。这是一种遇水产生化学凝固的材料，通常用于墙体明水堵漏后，喷砂墙面，通过混凝土空隙渗透进入墙体内，一般渗透在 3～5 mm，通过混凝土的毛细孔遇水产生结晶，来封堵整面墙的不明渗水潮气。

单组分聚脲。本产品与多种基材都具有良好的附着性，不但具有优越的防水性能，同时还有优秀的防腐蚀性能，具有高弹、高强度、耐磨、抗撞击及耐刻划的物理性能。

（2）施工工艺：首先是清除垃圾、止明水（封堵）、墙面除湿（喷洒）、水孔缝隙止水；其次是施工准备（墙面清洁）、第一道底料施工、特殊腻子填充找平、第二道底料、面料涂刷两道；最后自检、修补、验收。

（3）减少对居民影响：整个改造工程比较复杂，其间根据遇到的不同困难及时调整方案，提高项目实施工程质量和进度。包括针对浅水区排水问题，通过改良机器配件，提高施工效率；针对漏水源的寻找和勘测，根据实际情况设计不同的施工方案；为避免地面和墙面打磨产生大量灰尘，改良了吸尘设备，实现打磨和吸尘同时运作；在蓄水井盖板处加装钢套，确保施工安全等。

3）居民点赞

经过 4 个多月的改造，不仅让 904 m^2 的地下空间得到释放，而且清洁干爽的环境给居民也带来了不少安全感。居住在该小区的居民说，现在异味没有了，一楼也不再潮湿，大家都很满意。

后续工作：普陀区民防管理部门对该工程通风、楼梯、消防等设施进行进一步的优化和提升，切实满足居民日常功能使用需求、杜绝安全隐患。同时，对如何有效“激活”这一地下空间，根据居民的需求和意见再进一步讨论确定。

3. 启示

通过对早期民防工程开展安全风险评估、工程检测，分析研判所存在的问题，采用新型的防水施工工艺等，有效治理早期民防工程存在的安全隐患，使早期民防工程“蝶变重生”，消除老百姓脚底下的安全隐患，继续服务社区民众，发挥社会、经济效益。

17.2.2 智能物联设施在用民防工程风险的防控

1. 案例

在民防工程使用过程中，特别是一些无人值守、使用较少的民防工程存在一定的安全隐患，如何降低或防控民防工程的使用安全风险亟待解决。

2. 分析及对策

在民防工程使用过程中主要风险点有结构损坏、火灾、水淹、踩踏、电气事故、防护功能丧失等。

民防工程使用过程中存在的安全风险是一大隐患，做好相关安全风险防控工作是必然要求。根据本市城市运行“一网统管”建设要求，上海市民防办公室紧盯“市区同步、互联互通、标准统一、资源共享、实战应用”的目标，积极推行民防工程管理领域物联设施建设，统筹利用光纤网、物联网、5G 通信、Wi-Fi 等技术，在民防工程安全风险防控方面已取得应用实效。

1）地下室水浸警报

2020 年 5 月 11 日 9:30，静安区民防应急管理指挥中心的大屏上，出现了一段技防传感器预警信息：“沪太路 1188 弄地下室水浸报警”。值班员通过信息化管理平台视频监控系统初步核实，确定该工程确实出现地面积水情况。随即值班员查询全区巡查员即时位置信息后，就近分派现场核查任务。巡查员接受工单任务后，到达现场核实问题，确定问题是居民下水管路破裂，导致污水倒灌入地下室，水深已达 2 cm。巡查员即将问题反馈至工作平台并传递至相关职能部门同步进行处置，对该工程进行排水作业，并进行施工修复。本次事件发现及时、处置迅速，充分展现了信息化管理手段在民防工程日常管理中广阔的应用前景。

2）人流量超限警报

2020 年 8 月 7 日 19:00，长宁路 820 号民防工程（小马路商场），与地铁 2 号线中山公园站连通的通道内，视频监控图像分析系统“人员密度”报警（疑似人流量过大）。长宁区民防综合管理系统收到报警信息，并对接至市民防办“一网统管”平台数据中心，根据“在用民防工程管理”应用场景相关功能设定，由“市民防工程网格化管理系统”完成闭环处置流程。任务分派至长宁区民防工程管理所管理员，经电话核查和远程监控图像核查，通道现场为地铁站连通道，当天由于中山公园地面米兰广场群众健身活动较多的原因，人流量超过预警阈值，不符合疫情防控相关保持社交距离的要求，并且现场较多人员未佩戴口罩。处置结果：民防值班人员至现场督促民防工程使用单位加强通道人流疏导和提醒佩戴口罩。

3）保障空袭疏散演练

2019 年 9 月 19 日，长宁区仙霞路 700 弄 17 号、25 号、35 号 3 处民防工程内，同时举行了居民区人民防空人员疏散掩蔽演练。演练过程中，由于三处民防工程中均设置了民防要素箱和安全卫士终端，指挥人员可通过 400 M 手持终端在工程内与地面机动指挥车和地面引导保障人员进行实时联络；保障小组可在工程内实时调取小区地面道路、居民楼道内监控画面，掌握人员撤离情况；掩蔽人员可在到达民防工程后，通过视频、电话、微信、短信等方式与地面和其他工程内人员进行实时通信；工程内图像分析系统可在出入口处实时统计人员进出和人流状态；当空袭警报拉响、防护密闭门关闭后，仍可接收市、区警报控制中心的发放指令，在封闭状态下与地面防空警报器同步发放空袭解除警报；可对工程内的空气质量和温度变化进行实时监测，保障掩蔽人员在密闭空间内的舒适度。

4）裂缝、水位、沉降监测

徐汇区民防办对 3 处未用状态的公用民防工程开展监测。华亭路某公用民防工程，因面积大，墙面及顶部出现多处裂缝，地下多处积水严重，使用裂缝计 4 支、静力水准仪 4 支、水位计 2 支；永福路上 2 处公用民防工程分别使用裂缝计 4 支、水位计 2 支和裂缝计 3 支、水位计 1 支。

（1）裂缝监测：对已有结构裂缝进行实时监测，一旦达到预警值会及时发出安全预警，通知相关人员采取处置措施来保证结构的安全性。选取结构中最严重的几条裂缝进行观测，记录及标识已有结构裂缝；跟踪检查裂缝发展情况，并判断裂缝发展趋势。

（2）沉降监测：对工程的沉降情况进行监测，沉降监测点布置在工程变形敏感部位，为了确保监测得到可靠数据，从附近的基准点引测或从相对沉降点小的地点设置固定的基准点作为零点。沉降监测数据一旦超过预警阈值，及时发出报警信息，将建筑物的沉降情况及时反馈到有关单位或部门，通知相关人员采取紧急应对措施。

（3）水位监测：对地下结构存在渗水进行监测，水位监测点布置在地下结构渗水最严重的地方，需在测点往下钻 20 cm 左右深孔，将水位计固定在孔中，实时进行监测。并在监测系统内设置预报警阈值，一旦监测数据超过预警阈值，及时发出报警信息，将情况及时反馈到有关单位或部门，通知相关人员采取应对措施（图 17-1）。

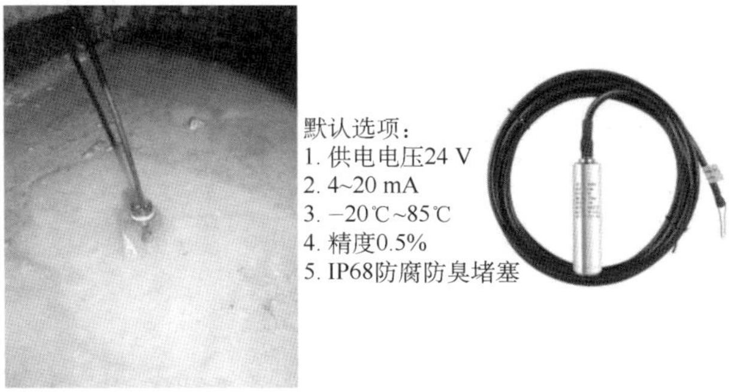

图 17-1 水位监测仪

(4) 监测结果：通过为期 6 个月的实时监测，发现裂缝监测数据、沉降监测数据变化幅度较小，公用民防工程结构处于相对稳定的状态。水位监测数据因时节变化，地下结构易渗水，须定期维护现场设备(图 17-2)。

图 17-2 监测平台

3. 启示

民防工程信息化智能防控体系聚焦重点领域，发挥科技支撑作用，以“数字民防”和“一网统管”建设为契机，转型升级，精确定位民防工程风险点和视频监控、物联感知技术应用结合点，加强大数据、云计算、物联网等科技手段在安全风险管控中的运用。通过充分研究民防工程管理领域神经感知元应用机制、数据分析模型和“人防＋技防”智能化防控新标准，实现科技赋能，建立和完善风险监测、响应、处置系统。实现科技增效，激发出 1＋1＞2 的集群效能，确保民防工程运行安全。

18 民众人防风险防控案例

18.1 建设民防融媒体，彰显文化软实力

上海民防系统积极适应全媒体时代舆论生态、媒体格局、传播方式发生的深刻变化，2019年年底，建立了民防融媒体平台，融入大势大局，聚焦主责主业，在宣传“产品创作、渠道拓展、平台运用、制度建设、力量集聚”等方面取得成效，宣传覆盖面、影响力和传播力进一步提升。其中《生命与灾害》杂志被评为“2020年及2021年度中国精品期刊”，上海民防微信公众平台荣获“2020年度中国优秀政务新媒体”称号。上海民防融媒体在扩大社会民防宣传声量、建设上海民防新闻宣传矩阵、营造比学赶超氛围、具象上海民防精神等方面发挥着独特作用，为上海人防转型升级和高质量发展营造良好的内外部环境。

1. 聚焦中心工作，创作宣传产品，放大民防声音

做强上海民防“中央厨房”，制作富有民防品牌特色和传播力的宣传产品。一是坚持以内容为王。紧扣重点工作、重大任务、重要活动，确立宣传项目，做好建党百年主题、“5·12”防灾减灾日、全民国防教育日等重要节点新闻宣传工作。深植民防土壤，深入一线采访，深挖新闻线索，记录民防特色亮点，反映民防精神，展示民防形象，多出有内容、有思想、有内涵的精品力作，打造一系列“媒体+政务”的民防特色品牌宣传产品，据统计，相关宣传产品的阅读量、转发量已破千万。二是注重传播实效。按照《关于创新方式拓展平台提高人民防空社会面宣传实效的若干意见》，抓好社会面宣传产品的供给，创新制作方式，使用一图读懂、表情动图、海报制作、视频表达、长图条漫、直播等受众青睐的大数据时代新闻宣传产品，提供给有关部门在集中宣传点、街镇社区文化活动中心、党群服务站(点)、居民活动室、户外广告牌、宣传栏、显示屏、民防工程等平台以及应急避难场所、公园绿地、商业街、地铁站、商业综合体立面屏幕等场所设施集中投放，据统计，年度投放社区海报18万份、各类广告位4 600多个、显示屏1.06万个。

2. 聚力媒体融合，拓展宣传平台，壮大民防声势

上海民防融媒体以“融合”为杠杆，向内发挥纸媒(《生命与灾害》)与新媒(“上海民防”微博微信)、线上与线下融合效应，向外依托主流媒体和社会资源，走出了一条融合拓展的新路

径。一方面与主流媒体深度融合。市民防办与解放日报社正式签署战略合作协议，“借船出海”，以项目形式推进工作落地（图 18-1），同时，加强与人民日报、新华社、“上海发布”等 20 家主流媒体加强融合，在更大平台扩大民防宣传效应。据统计，融媒体成立以来，民防政务信息在主流媒体发布达 1 100 余次。另一方面与各单位部门加强融合。主动对接上海市委网信办、新闻办等上级单位和兄弟部门，对接合作协同机制，共建共享资源和平台，不断扩大上海民防新闻宣传工作“朋友圈”，更放眼长三角，迈向区域人防一体化新闻宣传的大阵营。

图 18-1　市民防办与解放日报社战略合作签约仪式(2021)

3. 聚合宣传制度，健全运作机制，夯实工作基础

树立体系思维，着眼长远，从建设制度体系入手，建章立制，夯实上海民防融媒体发展基础。目前，已完成 1 个一级制度《关于进一步加强上海民防新闻宣传工作的指导意见》，2 个二级制度《上海市民防办公室互联网平台信息管理办法》《上海民防融媒体中心运作规程》，以及若干个三级制度机制，如《上海市民防办公室信息公开工作实施细则》《上海民防网站管理办法》，新闻宣传重点提示、季度通报机制等。制度体系的确立，从根本上保证保障了上海民防融媒体运作的规范性、运转的高效性和运行的安全性。

4. 聚集宣传力量，建设媒体矩阵，激励比学赶超

一是建强宣传队伍。上海民防融媒体团队和全市各级联络员是上海民防新闻宣传工作的主力军，坚持业务培训和实务锻炼并重，不断提升队伍新闻素养和业务能力。二是健全宣传矩

阵。深耕新媒体平台，加强市区、街镇联动，打造“1＋16＋X”的上海民防系统新媒体矩阵，做强上海民防新闻宣传大本营，形成“一体发布、集中发声、一呼即应”的上海民防新媒体矩阵，构筑上海民防新闻宣传工作新格局(图 18-2)。三是形成比学赶超的良好氛围。融媒体平台是宣传平台，也是展示各单位工作成效的平台，通过平台搭建，形成展示先进、激励先进、学习先进的良性循环，推动上海民防创先争优、比学赶超的良好氛围，助力上海民防的转型和高质量发展。

图 18-2　民防融媒体宣传平台矩阵

18.2　“学习强国”人民防空知识竞答活动

2021 年 9 月，上海市民防办在“9·18 全民国防教育日人民防空集中宣传”期间，依托“学习强国”上海平台，组织人民防空知识竞答活动。本次活动赛程为期 7 天(2021 年 9 月 13 日至 9 月 19 日)，阅读点击量 19 万人次，总参赛 2.8 万人次。此次竞答活动拓展了人防宣传渠道，提高了人防的知名度、影响力，增强了广大群众的国防观念、人防意识。

共同协作，精心设计。为了做好本次知识竞答活动，上海市民防办加强与上海市委宣传部相关部门及“学习强国”上海学习平台的沟通、协调，明确活动基本意向、活动规则，确保工作有序推进。与“学习强国”上海学习平台精心打磨活动安排，对题库样式、页面设计、奖品设置及发放等方面精心谋划，确保高质量完成竞答活动。

突出主题，聚焦人防。作为全民国防教育日人民防空集中宣传重要活动之一，为达到“普及人防知识、增强人防观念、提升人防技能”的要求，确保竞答知识内容准确性、专业性，结合上海人防建设特点，在系统内多方征集竞答题目，对题目进行精心筛选及优化完善。本次活动题库内容丰富，涉及人防法律法规、使命任务、知识技能、历史发展等各方面，充分体现了人防特色与上海特点。

推送有力，成效凸显。依托“学习强国”上海学习平台进行置顶推送，还通过“上海民防”微信公众号、工作群、微信朋友圈等发布信息，广为告知，吸引多方参与。活动取得了19万余人次的阅读量及近3万余人次的参与度。参赛人员覆盖内地（大陆）（除港、澳、台外）各省、自治区、直辖市，其中，13个地区参赛人次超百人，超出了预期目标，活动“活跃度”达到了同类活动中上水平，取得了良好的宣传效果和社会效益。

18.3 2021年上海市中学生民防知识网络竞赛活动

上海市中学生民防知识网络竞赛活动是上海市全民国防教育日期间人民防空集中宣传系列活动的重要内容之一。通过广泛发动、人人参与，进一步增强本市中学生国防观念和人防意识，了解掌握必要的人防知识和技能，切实提高学生的自救互救能力。

竞赛以《中学生民防教育读本》为主要范围，其重点内容有人民防空、民防工程、个人防护及次生灾害防护等方面的知识。民防知识竞赛采取网上竞赛的方式进行，参赛学生通过登陆竞赛网站或上海民防公共微信号的方式参与答题，题型为是非题、单选题、多选题等。本次竞赛活动采取统一部署、分级组织、分步实施的方法开展。从9月18日零时起，至11月18日24时止，历时2个月。参赛人数达13万人，总答题超24万人次。

通过网络竞赛组织策划者的层层动员，市区两级部门、参赛学校以及广大市民积极参与，“大手牵小手，一起来答题”，进一步扩大了人民防空宣传的覆盖面和传播力。在上海市管理层面，市民防办积极与市教委、市国教办等相关部门沟通、协调，指导区民防办、区教育局密切配合，层层部署，将竞赛活动要求准确传达到每一所参赛学校，确保竞赛准备工作有序推进。在区管理层面，各区人防和教育部门结合实际情况，在不同时机通过各种形式进行再动员，充分动员每一名符合条件的学生积极参与竞赛活动。在参赛学校层面，一方面，对学生进行全面动员；另一方面，依托市、区人防和教育部门、学校官方网站和微信公众号置顶推送，在学校教师工作群、学生家长微信群和朋友圈等发布信息，让家长们及时了解竞赛活动情况。本次竞赛活动不仅在参赛人数、答题人次上创下历年新高，竞赛成绩也是历年最好。各级学校参与活动积极性非常高，静安、虹口、黄浦等区学校的参与率达100%。

18.4 2021年上海市民防安全达人校园挑战赛

在人民防空创立日到来之际，由上海市民防办、上海市教委指导，上海市民防宣传教育中心联合上海人民广播电台，举办第七届上海市民防安全达人校园挑战赛。该赛事为“一馆一品牌”项目、上海市全民国防教育人民防空集中宣传教育活动的品牌项目。赛事践行“小手拉大手”的教育理念，落实民防宣传“六进”要求，对民防教育“进校园”进行深入引导。赛事以初中民防教育为切入点，汇集各区 16 支队伍、48 名初中学生，于 10 月 30 日在广播大厦演播大厅内举行比赛。

以比赛促学习，开辟民防科普进校园的新赛道。结合学生群体特点，在民防科普宣传中采用了比赛方式，激发学生的学习兴趣和学习热情，在比赛中了解民防、学习民防和宣传民防。在传统的科普方式之外，成功开辟出一个更具互动性和感染力的新赛道。

串联理论实践，增强民防科普教育的立体感。在比赛中，设立了“知识问答”“技能挑战”“民防我代言”3 个竞赛环节，分别对应理论知识、实践操作、科普宣传。在串联起理论实践的同时，鼓励学生们充分发挥主观能动性和创造力，用情景剧、相声、诗歌朗诵等多样形式诠释“民防”主题词，将民防文化、知识和技能浸润其中，既科学严谨又不失趣味，使参赛选手充分感受到民防科普教育的立体感。

汇聚媒体力量，激发民防科普宣传的裂变式传播。丰富多样的环节、流畅的赛事组织、精彩的选手发挥吸引了众多媒体的关注，法治天地频道于 11 月 2 日、上海新闻广播于 11 月 6 日作专题报道，新华网上海频道、上观新闻、上海科技报、文汇报 App、新民晚报客户端等新媒体也纷纷作出报道，线上线下媒体齐发力，使本次赛事“出圈”，不仅在学生中产生了良好的民防科普宣传效果，而且在更广泛的受众群体中产生了裂变式传播(图 18-3)。

图 18-3　2021 年上海市民防安全达人校园挑战赛

18.5 《上海市学校人民防空知识讲义》编撰完成并投入使用

1. 项目背景

《中华人民共和国人民防空法》《中华人民共和国国防教育法》以及第七次全国人民防空会议均对开展学校人民防空知识教育提出了明确的规定和要求。上海市学校人民防空教育缺乏规范化教材，是“十三五”期间上海市民防办经过大调研排查出的短板，也是难点问题。

“十四五”开局之年，上海市民防宣传教育中心认真落实市民防办、市教委和市国教办共同下发的《关于进一步加强上海市学校民防知识教育工作的实施意见》精神，坚持正确方向，突出思想内涵，在历年开展民防知识教育、积累教育资源的基础上，于 2021 年编写完成《上海市学校人民防空知识讲义》(以下简称《讲义》)。

2. 主要做法

一是彰显民防特色。依据《学校人民防空教育培训大纲》，在历年制作培训系列教材基础上，结合线下查阅的民防专业书籍及线上搜集的民防资料，兼顾学校民防教育的前瞻性、配套性、系统性，编写了《讲义》初稿，秉持精益求精的态度，注重《讲义》的专业度、准确度，不断打磨形成《上海市学校人民防空知识讲义》(试行版)。

二是树立精品标杆。《讲义》填补了上海市学校民防知识教育教材的空白，有力推进了学校人防教材的体系化、规范化，有效促进了学校民防知识教育的全周期、全覆盖，这也是上海市民防办积极推进“民防进学校”工作的基础环节、关键之举。

三是落实因材施教。贯彻教育教学工作中因材施教的原则，针对不同阶段的学生，对《讲义》知识深度、图文比例进行设计。其中，小学讲义图文并茂、生动形象，积极引导小学生加强国防观念和人防意识；中学讲义摆事实、讲道理，结合“三个一”主题活动安排教学内容；大学讲义学术性、探索性并重，注重提高大学生作为国家战略后盾力量的向心力和凝聚力。

3. 取得的成效

一是打造精品课堂。应上海应用技术大学邀请，上海市民防讲师团相关成员前往上海应用技术大学，以线下线上相结合的方式，对全体大一新生进行了 5 场培训，覆盖新生近2.1 万人次。本次培训讲师以《上海市学校人民防空知识讲义》(试行版)为蓝本，进行课程设计，制作培训课件，通过不断的试讲、完善，打造出五场精品课堂，获得了该校全年级师生的一致好评。

二是推进融合发展。上海市民防办将在《上海市学校人民防空知识讲义(试行版)》基础上，联合长三角三省人防办共同修撰，出版《学校人民防空知识讲义(长三角版)》，助力长三角区域学校人防教育培训一体化向纵深发展。

18.6 “铸盾强防号”人防地铁文化

1. 项目目标

地铁是城市发展的交通新命脉,也是承载城市精神文明与文化的重要公共空间,通过打造突破“社区、学校、企业”物理格局的“人防移动课堂”,使民防宣传融入民众的日常生活,潜移默化中增强全市民众的国防观念和人防意识。

2. 项目简介

在全民国防教育日集中宣传活动期间,利用地铁交通这一流动的宣传载体,首次在地面行驶较多的4号线推出人防地铁文化列车“铸盾强防号”。通过地铁专列内外整体设计和全线地铁视频投放,采用“静”“动”结合的方式,形成以列车为中心轴、以民防宣传为内核向外辐射的系统宣传模式。

3. 项目特色

一是打造民防主题“风景线”。列车外观主色调采用“民防橙”。以习近平总书记的重要讲话精神为“盾之骨架”,以人民防空的基本手段为“盾之屏障”,以民防科普教育为“盾之核心”。不仅是人防移动科普课堂,也是行走的“民防宣传大使”。

二是拉近民防知识“距离感”。列车内部设置“全民国防教育日”“鸣走藏消”“人防在身边”“民防工程”“防空警报”“我们都参与”六个版块知识点,其中两侧的拉手通过10余幅漫画生动呈现。创新趣味的形式拉近了民防和民众之间的距离,易于将人防知识通俗易懂地传达给民众。

三是提升民防形象“能见度”。在文化列车上线时间内,民防形象宣传片在全线地铁车站与车厢近4万块移动电视以及人民广场、新天地、徐家汇、科技馆、陕西南路站5个地铁站点醒目位置的公益LED屏进行滚动播放,吸引民众眼球。

四是扩大民防宣传“辐射面”。地铁4号线行驶线路沿城市中心区域设定,四面八方人员聚集,日均客流量庞大。列车从9月7日运行至10月31日,共计近75万人次搭乘,并获得《解放日报》《文汇报》《青年报》《新民晚报》和东方网等9家主流媒体报道。

4. 项目衍生品

发车仪式启征程。9月7日,发车仪式在杨浦区大连路地铁站绿地下沉式国歌广场举行。仪式标志着文化列车的正式上线,也标志着今年全民国防教育集中宣传系列活动启动。

文化视频展风采。围绕列车施工、发车仪式、正式运营等内容进行拍摄记录并制作视频在官方媒体发布,进行“铸盾强防号”人防文化列车动态的线上宣传。

民防文创添新意。与上海艺术品博物馆合作，制作纪念折扇。采用中国风水墨风格进行设计，将文化列车、民防元素和上海特色结合，正面为文化列车，背面为“鸣走藏消”书法字体，受到民众好评(图 18-4)。

图 18-4　行驶中的“铸盾强防号”人防地铁文化列车

18.7　上海民防科普教育馆

上海民防科普教育馆于 2009 年 5 月 12 日(汶川大地震一周年纪念日)正式建成开馆并向公众免费开放，是上海市民防办公室建设的一个集防空防灾知识、公共安全知识普及于一体的综合性科普教育基地，位于瑞金二路 108 号民防大厦 7—10 楼，总建筑面积 4 400 m^2，分为序馆、人民防空馆、防灾减灾馆和市、区、街镇级民防科普教育基地风采展区四个部分，先后被命名为“国家民防上海训练基地”“全民国防教育基地”“全国科普教育基地”“上海市爱国主义教育基地”“上海市市级机关工作委员会组织生活基地”“上海市学生社会实践基地”。开馆至今累计接待社会各界参观者 52 万余人次。上海民防科普教育馆还承担本市 36 家市、区、街镇级民防科普教育基地建设管理业务指导工作，在全市范围内初步构建了以“市级基地为主体，区级基地为支干、街镇基地为补充、社区宣教点为延伸”的人民防空宣传教育场所矩阵。

1. 突出民防特色，树立服务标杆

上海民防科普教育馆既是提升上海民防社会动员能力的宣传教育阵地，也是践行人民城市理念、引导公众参与民防教育培训、扩大人民防空影响力的重要载体。民防馆建馆以

“国内一流，国际先进”为目标，紧扣上海民防特点，精益求精，统筹规划，形成以序馆、人民防空馆、防灾减灾馆等为组成部分的空间布局，科学系统地介绍了人民防空的有关知识与技能，分类展示了改革开放以来我国人民防空现代化建设成果。该馆自开放以来精心组织对外参观接待工作，面向参观团队提供免费参观、免费停车、免费讲解的“三免服务”，针对不同受众举办专题展览、宣讲讲座和实践课程等活动，形成了一套较为完善的运行管理制度，树立了良好的民防窗口形象。

2. 线上线下同步发力，促进场馆能级提升

坚持实体馆更新与虚拟馆应用“一体两翼”同步走的战略：一方面，以弘扬上海民防精神、突出“人民防空为人民”的根本属性为指引，在面向社会公开征集布展设计方案的基础上，民防馆每年开展市内外调研，编制展品资源库，逐年升级馆内原有展品展项，保持市级基地的生命力和吸引力，其中现代空袭特征、民防工程口部模型、4D影院、地铁逃生等沉浸式展项能帮助观众身临其境地学习掌握紧急疏散、避险逃生的方法和技能，成为全馆“吸粉”最多的项目。另一方面，紧跟上海民防数字化转型的节奏，加强场馆数字化场景应用，利器善事、聚力攻关，开发应用上海数字民防科普教育馆（PC端和手机适配版），推出“云观展”“云学习”体验，并将网上预约和网上参观浏览功能纳入“一网通办”公共服务事项，配套提供基于手机端的自助式语音现场导览服务，用心用力为市民办实事。

3. 扩大社会面宣传，增强阵地软实力

以民防宣传“进社区”“进学校”为着力点，织密宣传网点，扩大教育受众，积极策划开展了主题鲜明、特色突出、公众参与度高的人民防空宣传教育活动，逐步形成了以市级大型活动为重点、品牌特色活动为辅助、学校社区培训为基础的对外宣传活动格局：一是利用全民国防教育日、全国防灾减灾日、上海科技节等重大时间节点，聚焦主责主业，整合各方资源，以设点宣传、技能实操、参观答题、发放宣传资料等为主要形式，定期举办民防主题宣传月（周）活动，全面提升了社会各界对人民防空工作的关注度和认同度。二是树立“一馆一品”，在市民防办、市国教办、市教委的大力支持下，每年携手上海人民广播电台举办面向全市中学生的民防安全达人校园挑战赛，使民防馆成为青少年民防人才脱颖而出的舞台，成为孕育青少年民防后备人才的摇篮。三是多层次开展“进学校、进社区”活动，发挥学生社会实践基地作用，自2015年起通过市教委博雅网平台累计招募并培训初中和高中学生志愿者3 000余人次，还在历年合作单位中挑选优秀志愿者参加民防微课题研究，使社会实践项目成为学生的校外第二课堂，取得了良好的社会效益。扩大基层教育服务范围，根据各区街镇、居委会工作人员和社区居民需求，开展“动手做课堂”、专题讲座等系列活动，向市民群众发放《生命与灾害》《上海民防之声》报刊和人防宣传画册等，增强群众战时防护技能和平时自救互救

能力，年均培训逾 1 000 人次。

4. 加强基地联动，形成共建合力

建立市、区、街镇级民防科普教育基地互联互通机制，推广实施《关于加强上海市民防科普教育基地运行管理的指导意见》，推动优质民防教育培训资源开发开放，拓展公众参与民防教育培训的途径和机会，在市级民防馆增设专用于展示各级基地风貌的互动展区，更新上海市公共安全教育实训基地防空安全实训馆布展，协助“民防地图”中全市各级民防教育场所导航服务功能上线“随申办”，鼓励各级基地之间统筹安排、强化协作，合作举办系列化人民防空宣传教育活动，定期组织科普工作者技能专项培训，并对各级基地的运行绩效实施年度测评，促进各级基地充分发挥自身功能和特色，形成优势互补、协调发展、百花齐放的宣传格局。

18.8　M50 民防文化艺术创意馆

普陀区民防办从“挖掘弘扬民防文化，增强民防文化软实力”的角度，将 M50 民防文化艺术创意馆的建设作为“十四五”开局的重点民生工程，打造成艺术与民防文化整合的精品建筑。

M50 民防文化艺术创意馆将平战结合落到实处，成功探索用艺术诠释民防工作，实现了这座退出序列民防工程的公益化改造、“蝶变重生”。一是民防与艺术相融合的文化理念和方式创新，实现民防教育模式的新突破，形成独具一格的民防文化品牌。二是探索退出序列民防工程公益化改造服务于民，集民防科普和文化生活服务于一体，打造一方民防文化阵地。三是更加重视把握软实力建设的特点和规律，发挥软实力的“加速器”作用，着力提升民防文化建设品位。

注重文化设计运用，提升民防感染力。M50 民防文化艺术创意馆的外墙被涂刷成了橙色（“民防橙”），这使建筑本身成为可以阅读的亮点，“民防橙”的运用潜移默化地影响了公众的民防意识；运用警报器、通风阀门、三防门等民防元素作为建筑的一部分，展现民防文化的丰富内涵，提高民众的关注度（图 18-5）。

注重文化阵地拓展，提升民防影响力。在民防宣教阵地建设中实行分类建设，将 M50 民防文化艺术创意馆建成融艺术性、知识性、体验性于一体的阵地，为民防科普“加码”，满足年轻群体的需求，拓展人群覆盖面。

注重人文内容植入，提升民防渗透力。M50 民防文化艺术创意馆馆内布展以弹片制作的和平鸽、炮弹制作艺术装置及空袭题材的油画作品等形式解读民防文化，生动而震撼；以

LOGO墙、电影海报墙、多媒体的方式进行展示，体现上海多种文化融合的优势，填补民防文化知识领域空白点，增强民防教育吸引力。

图 18-5　普陀区莫干山路 50 号 M50 民防文化艺术创意馆

18.9　奉贤区民防特色街

奉贤区民防办所在的新建西路，是位于老城区内的一条街道，周边不仅沿街商户密集，还驻有社区医院、社区事务受理中心等公共服务机构，日常人流量较大。通过社区调研，区民防办发现在长期的和平环境下，周边群众主观上对人民防空建设不够关注，一些基本的民防常识也不够了解，常规主动式的民防宣传教育工作较难走深、走实。

第一步，收集街区群众意愿。“您知道这条街上有一个民防办吗?”“您能辨别防空警报吗?”“您知道距离最近的民防工程在哪里吗?”“您觉得这条街上需要增添什么设施吗? ……”以问题和需求为导向，通过走访所在街区的周边居民、商户、居委干部，广泛收集群众意见建议和实际需求。

第二步，改善街区便民设施。根据所收集的群众意愿，在街区更新中与交通、市容、卫生等部门积极沟通协调，在街道两侧布设防滑砖道、民防工程指向标、办事机构路标、公共座椅、防雨顶棚、应急医护箱等便民设施。此外，部分老旧的路灯杆、交通配电箱、垃圾箱等公共设施也得到翻新。

第三步，植入街区民防元素。在这条近 400 m 的街道上，低头可以在路面上看到刻有当代民防建设理念和民防童谣的防滑砖；平视可以在围墙上看到我国人民防空史、奉贤民防发展史以及“防空警报信号”“民防知识漫画课堂”等民防常识；抬头可以在染成鲜艳的民防主色调（橙色）的店招牌上，看到招手相迎的上海民防 IP“小海卫”卡通形象。同时，公共座椅、路灯杆、交通配电箱、垃圾箱等公共设施上也都能看到“鸣”“走”“藏”“消”等人防须知内容。

“奉贤区民防特色街”已经成为奉贤区一块“不打烊”的人民防空宣传教育主阵地（图 18-6）。通过在街面上增设各类由民防元素包装过的便民设施，让周边群众在日常生活中感受到沉浸式的宣传教育体验，从而在有效提升民防意识的同时学到必要的民防知识和技能，进一步增添了市民们的安全感和获得感。《解放军报》《中国国防报》在《夯实铸盾护民的支撑点》一文中报道了这项民防建设创新举措。

图 18-6　奉贤区民防特色街

18.10　“科创宝山、强盾固防”民防工作进高校系列活动

2021 年 7 月 23 日上午，在上海大学校园内，依托上海大学学生军训活动，民防进高校系列活动正式启动。上海警备区、上海市民防办、市教委、上海大学、宝山区领导出席了启动仪式。上海市大学生民防志愿者培训基地正式揭牌，民防志愿者接受授旗，宝山区民防办与上海大学人武部签约，切实做到把大学生军训与民防知识教育有机结合起来，把民防进高校与大学生民防志愿者培训有效衔接起来。

活动现场，来自上海市民防办、宝山区民防办、区应急局、区卫健委、区红十字会等单位的民防通信设备、机动指挥车、防护救援器材、特种救援车辆开放展示，上海民防建设发展历史图片展、民防知识小课堂吸引学生们驻足，民防教育讲义、《生命与灾害》、《上海民防之声》期刊以及吉祥物“小海卫”等都引发了师生们浓厚的兴趣，1 200 余名师生参观学习，对民防工作有了更直观的认识与了解(图 18-7)。

此次活动从 7 月持续至 9 月，开展了“上大国防杯”作品征集评选、国防教育课、集中宣传展示、防空疏散演练、训练成果汇报演出等项目。

此次系列活动，是落实上海市民防办、市教委、市国教办《关于进一步加强上海市学校民防知识教育工作的实施意见》文件精神，以及《2021 年本市民防宣传教育“进高校”试点工作方案》部署要求，进一步加强高校民防宣传教育的探索实践。

此次系列活动秉持创新精神，紧贴高校实际，广泛组织师生参加，体现群众性；紧贴使命任务，坚持战备牵引，突出人民防空，强化师生技能提升，体现专业性。特别是创新手段，在深入挖掘传统宣教手段基础上，着力体现时代特色，积极探索新媒体、新技术手段的应用，进一步丰富发展民防宣传教育的形式，引导广大师生“情系国防，共建民防”，共同理解、支持和参与民防。

图 18-7　2021 年民防进高校系列活动启动仪式

18.11　上海首家“企业(园区)民防工作站”

民防宣传教育“进企业(园区)”是创新方式、拓展平台、提高人民防空社会层面宣传实效的一个重要抓手。松江区民防办会同松江经济开发区，指导上海企福(置业)集团有限公司组织民防宣传教育“进企业(园区)”试点先行,经过半年多的探索实践,摸索形成了企业(园区)民防宣传教育工作的制度机制、路径方法和具体内容。

试点工作明确了“进企业(园区)”的“六个一”目标,即健全一个组织、完善一套方案、组建一支队伍、开展一次培训、落实一系列演练、搞好一系列宣传。松江区民防办研究拟制《松江区“民防宣传教育进企业”试点工作方案》和《企福科技园全民国防教育人民防空集中宣传月活动计划》。结合“5·12 防灾减灾日”和全民国防教育日暨上海防空警报试鸣日,松江区民防办依托公司指导开展了民防知识讲座、民防技能培训、民防科普参观、民防装备展示、集中设点宣传、防空警报试鸣疏散演练等一系列活动,成立全市首家企业(园区)民防工作站。试点期间,集团公司一个总部机关、九个特色园区参与到民防宣传教育活动当中,累计覆盖 1 000 余家入驻企业。

此次试点工作具有鲜明的特色。一是注重探索。试点工作紧贴企业园区,以生产和安全为主,积极调动可利用的人力、物力和管理资源,围绕民防宣传教育工作“谁来做、何时做、做什么、怎么做”展开研究探索。二是注重首创。瞄准规模型园区在企业孵化、政策支持、物业服务方面的特有优势,协调建立全市首家“企业(园区)民防工作站”,并组织现场挂牌签约仪式。三是注重实效。重视将民防特色与企业特点相结合、民防宣教与企业党建相融合、民防资源与企业优势相整合、民防服务与企业需求相契合。

通过试点先行,松江区民防办围绕企业(园区)民防宣传教育工作长效化机制、融合式推进、多媒体宣传、功能性叠加、志愿者招募等工作,探索形成了一定的首创性、示范性经验,较好地增强了园区企业和员工的国防观念、人防意识以及自救互救技能,促进了城市民防建设水平的整体提升。

参 考 文 献

[1] 杨延军，李建民，吴涛，等.人民防空工程概论[M].北京：中国计划出版社，2006.

[2] 李扬.人民防空工作指南[M].北京：解放军出版社，2011.

[3] 孙建平，刘坚.城市安全风险防控概论[M].上海：同济大学出版社，2018.

[4] 刘军，高欣.城市建设风险防控[M].上海：同济大学出版社，2019.

[5] 陈丽蓉，顾国荣，杨石飞.城市地下空间开发建设风险防控[M].上海：同济大学出版社，2018.

[6] 汪耀明，许宏发.上海民防工程施工质量管理指南[M].上海：同济大学出版社，2008.

[7] 上海市民防协会.人防门安装安全管理技术手册[M].上海：同济大学出版社，2017.

[8] 周军.建筑施工过程的环境风险识别研究[J].地产，2019(21)：122.

[9] 胡艳峰.分析建筑工程安全风险管理及对策[J].门窗，2019(14)：41.

[10] 刘兵.工程施工安全风险管理与防范[J].山西建筑，2019，45(8)：217-218.

[11] 李新波，李善宝，郭锐.建筑安全施工存在的安全风险及评价管理[J].居舍，2019(24)：152.

[12] 吴丽萍.建筑安全施工存在的安全风险及评价管理[J].工程建设与设计，2014(2)：163-164，169.

[13] 郑红伟.建筑安全施工存在的安全风险及评价管理[J].管理，2019(12)：178-179.

[14] 陈怡.建筑工程施工安全风险管理与防范[J].企业科技与发展，2019(14)：111-112.

[15] 王立新.建筑工程施工安全风险管理与防范[J].企业技术开发，2013，32(5)：142-143.

[16] 杨洁.建筑工程施工安全风险综合等级评估模型及应用[J].工程管理学报，2019，33(6)：121-126.

[17] 陈君尧.建筑工程施工现场安全管理问题与应对策略[J].四川建材，2020，46(2)：194-195.

[18] 陈小文.建筑工程施工风险影响因素分析与评价研究[D].杭州：浙江大学.2017.

[19] 张楠.浅析人防建筑工程施工管理质量问题与解决方案[J].理论探讨，2019(11)：128-130.

[20] 陈卫.建筑基坑工程常见安全问题分析[J].建筑技术开发,2015,42(11):62-65.
[21] 于忠良,孙文斌.深基坑支护技术常见问题及建议[J].江西建材,2017(13):86-87.
[22] 张建辉.建筑工程安全风险管理及措施[J].住宅与房地产,2019(30):113.
[23] 李建平.建筑工程施工安全风险管理与防范[J].门窗,2019(20):29,32.
[24] 刘露丝.建筑施工存在的安全风险及评价管理研究[J].建材与装饰,2017(34):154-155.

索　引